未来に残す・児童文学作家と画家が語る戦争体験

1

子どものころ戦争があった

新編

あかね書房［編］

未来に残す・児童文学作家と画家が語る戦争体験　1

子どものころ戦争があった（新編）

この体験記は、太平洋戦争が終わって約三十年後に書かれたものです。子どものころ戦争を体験した人たちが、記憶《きおく》も鮮明《せんめい》で心の傷《きず》もまだ生々《なまなま》しいそのままにつづりました。

戦後八十年たつ現在《げんざい》では、使われない言葉やなじみのない言葉、差別的な表現《ひょうげん》もあります。

けれど、そのとき伝えたかったことを大切にして、文章の変更《へんこう》はせずそのまま掲載《けいさい》しています。

難《むずか》しい言葉には説明を入れました。

今こそ読んでほしい、未来に残したい体験記です。

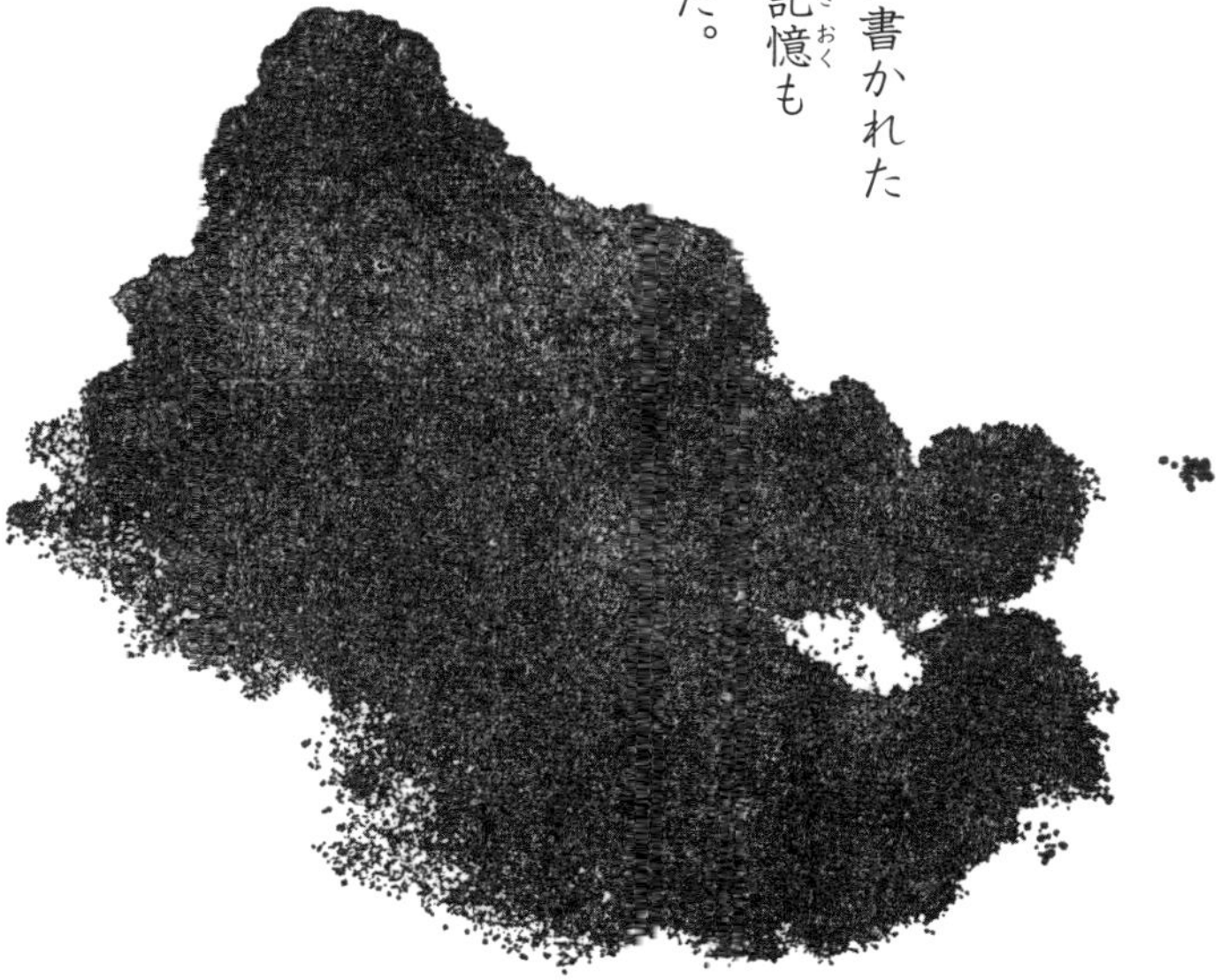

もくじ

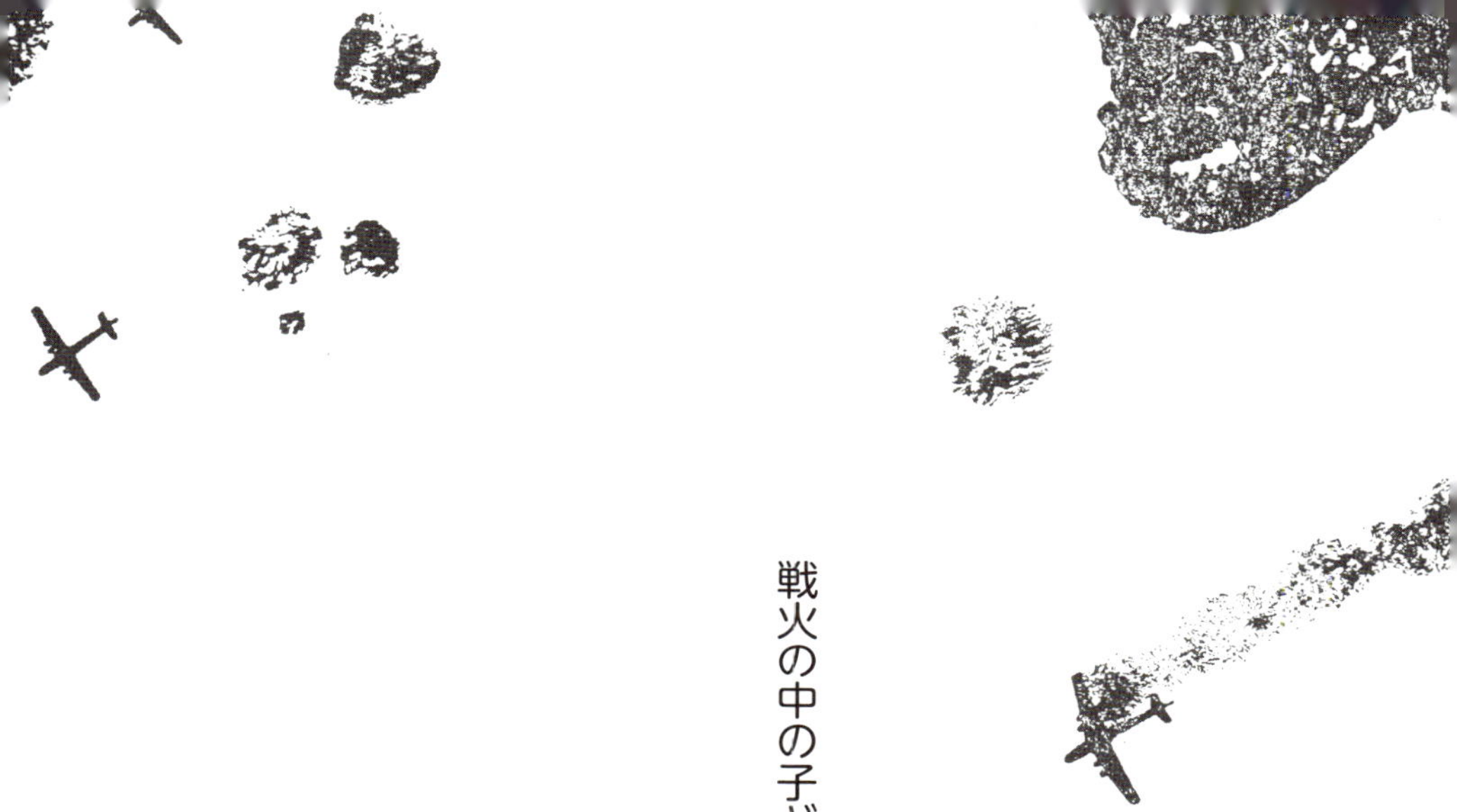

戦火の中の子どもたち ——あの日を忘《わす》れないで

表紙・カット　田畑精一
表紙・カット　赤坂三好
カット　長新太
梶山俊夫
田島征三

太平洋戦争の始まり

太平洋戦争は、一九三九（昭和十四）年に始まった第二次世界大戦のうち、日本と、アメリカ・イギリス・オランダ・中国（当時は中華民国《ちゅうかみんこく》）を中心とする国ぐにとの間で起きた、アジア・太平洋地域《ちいき》が戦場となった戦争です。中国や東南アジアへ軍隊を進めた日本と、これに反対するアメリカ・イギリスなどの対立がきっかけです。

一九四一（昭和十六）年十二月八日の朝（現地《げんち》時間七日）、日本軍がイギリスの植民地であったマレー半島（現在《げんざい》のマレーシア）に上陸し、ハワイの真珠湾《しんじゅわん》にあるアメリカ海軍の基地《きち》を攻撃《こうげき》したことで始まりました。

開戦直後は、日本軍は猛烈《もうれつ》な勢《いきお》いで東南アジアや太平洋の島じまを攻《せ》め落としました。けれど、日本軍の優位《ゆうい》はおよそ半年で終わります。その後は終戦まで苦しい戦いが続きました。そして、人びとの苦しみは戦争が終わってもずっと続いたのです。

太平洋戦争　開戦から終戦まで　おもな出来事

1941（昭和16）年	12月 8日	太平洋戦争始まる 日本軍、ハワイの真珠湾《しんじゅわん》を攻撃《こうげき》する
1942（昭和17）年	2月15日	日本軍、シンガポールを占領《せんりょう》
	4月18日	米軍機、日本本土を初空襲《はつくうしゅう》
	6月5~7日	ミッドウェー海戦で 日本の航空艦隊《こうくうかんたい》大敗する
1943（昭和18）年	9月22日	14歳《さい》～25歳未満《さいみまん》の未婚女性《みこんじょせい》の 動員が決まる（女子挺身隊《ていしんたい》）
	12月 1日	第1回学徒兵《がくとへい》入隊
1944（昭和19）年	6月16日	B29爆撃機《ばくげきき》が日本本土を初空襲《はつくうしゅう》
	7月6~9日	サイパン島の日本軍全滅《ぜんめつ》する
	8月	大都市の学童疎開《そかい》始まる
	10月19日	神風特別攻撃隊《かみかぜとくべつこうげきたい》が編成《へんせい》される
1945（昭和20）年	3月10日	B29が東京を大空襲《だいくうしゅう》
	3月17日	硫黄島《いおうとう》（小笠原諸島《おがさわらしょとう》南部）の 日本軍全滅《ぜんめつ》する
	6月23日	沖縄の地上部隊全滅《ぜんめつ》する
	8月 6日	広島に原子爆弾《ばくだん》が投下される
	8月 8日	ソ連（現《げん》・ロシア）、日本に宣戦《せんせん》を布告《ふこく》
	8月 9日	長崎に原子爆弾《ばくだん》が投下される
	8月15日	天皇《てんのう》が「終戦」詔勅《しょうちょく》を放送 日本の無条件降伏《むじょうけんこうふく》で太平洋戦争終わる

158ページから、太平洋戦争が始まる前から終戦後をふくめたくわしい年表があります。

ああ、戦争ごっこ

山下明生《やましたはるお》

幼《おさな》いぼくにとって、戦争はお祭りみたいなものだった。

太平洋戦争がはじまった年、ぼくは四歳《さい》で、広島県の能見島《のうみしま》というところに住んでいた。海軍兵学校のあった江田島《えたじま》と隣合《となりあわ》せの、瀬戸内海《せとないかい》の静かな島である。母は、兄と姉とぼくの三人を女手一つで育てるために、昼は島の漁業組合につとめ、夜は編物《あみもの》やミシンかけの内職《ないしょく》をしていた。

当時のことを、ぼくはあまりおぼえていない。すこしにぶい子だったのだろう。いつも漁業組合の前でひとりで遊び、おなかがすくと母のおっぱいをねだりにいっては、「いつまでもネンネじゃのお」と、漁師《りょうし》

のおじさんたちにわらわれていたそうだ。そして、島の空を軍用機が飛んでいくたびに、

「ヒコーキよーい、待ってくれーやー、わしも乗るんじゃけん……」

のんびり、飛行機に呼《よ》びかけているような子どもだった。

「あれじゃ、間《ま》にも拍子《ひょうし》にも合やせんよねえ。乗るんじゃけん……いいよるころには、飛行機は呉《くれ》の山の向《むこ》うへ、とっくの昔《むかし》に見えんようになっちょるんじゃけん。」

あとになって、近所のおばさんたちは、よくそういってぼくをからかった。

そんなぼくだったが、一つだけはっきりと記憶《きおく》していることがある。それは、太平洋戦争がはじまったのを、母から知らされた日のことだ。真珠湾攻撃《しんじゅわんこうげき》の翌日《よくじつ》のはずだから、昭和十六年十二月九日だったろう。その朝、母はぼくを仏壇《ぶつだん》の前に正座《せいざ》させて、きびしい口調《くちょう》でこんな話をした。

呉《くれ》
広島県の南西部にあり瀬戸内 している市。軍港としてさかえた

「これから大日本帝国《だいにっぽんていこく》は、鬼畜米英《きちくべいえい》をこらしめるために、たいへんな戦争をすることになったんよ。おとなも子どもも、一丸《いちがん》火の玉となって戦わなくてはならんのじゃけん、もうこれまでみたいなわがままをいうちゃいけんよ。おなかがすいても寒うても、歯をくいしばってがまんせにゃあ。あんたも、いっしょうけんめいがんばって、お国の役に立つりっぱな人間になってちょうだいね。」

あのときの、白っぽい母の顔と、身のひきしまるような部屋の寒さを、ぼくは奇妙《きみょう》におぼえている。

しかし、母の真剣《しんけん》な表情《ひょうじょう》にもかかわらず、ぼくたちの島には、火の玉も飛んでこなければ、鬼《おに》のようなアメリカ、イギリス兵も上陸してはこなかった。それどころか、戦争というものはとてもたのしかった。ラジオから流れてくる景気《けいき》のいい軍艦《ぐんかん》マーチも、南方から送られてくる干《ほ》しバナナや黒砂糖《くろざとう》も、大勝利をおさめたといっては行なわれる旗行列も、みんなぼくの胸《むね》をわくわくさせるものだった。

鬼畜米英《きちくべいえい》
残酷《ざんこく》で心のない行いをする者のこと。敵《てき》をあらわす言葉として使われた。米英《べいえい》はアメリカとイギリスのこと

軍艦《ぐんかん》マーチ
海軍軍歌『軍艦《ぐんかん》』を編曲《へんきょく》した行進曲で『軍艦《ぐんかん》行進曲』が正式な曲名。海軍省の公式行進曲で現在《げんざい》の海上自衛隊《じえいたい》でも公式儀《ぎ》礼曲《れいきょく》とされている

島から、兵隊さんが出発していくのも、おもしろかった。きのうまで、頭にねじりはちまき、足にゴム長の漁師《りょうし》のおじさんが、新しい軍服の上に赤いたすきをかけた出征軍人《しゅっせいぐんじん》に変身するのは、魔法《まほう》を見ているようだった。

出征軍人《しゅっせいぐんじん》を先頭に、せまい島の道を軍歌と日の丸の行列が小学校までつらなる。そこで、町長さんや校長先生たちの激励《げきれい》のことばを受け、最後に「天皇陛下《てんのうへいか》の御為《おんため》に、命をささげてまいります」とあいさつをして、みんなに胴上《どうあ》げをされ、いよいよ、船着き場から船に乗る。

出征軍人《しゅっせいぐんじん》を乗せた連絡船《れんらくせん》は、島の沖《おき》を三回まわった。そのあとを、大《たい》漁旗《りょうばた》や軍艦旗《ぐんかんき》をなびかせた漁船が、何十そうもついていった。岸では、ばんざいの合唱《がっしょう》と日の丸の旗の波。

ぼくは、そんなにぎにぎしい光景を、まるでお祭りにでも行ったみたいに、胸《むね》をおどらせて見守っていた。もしぼくに父親がいて、こんな晴れがましい見送りを受けて出征《しゅっせい》したら、どんなにすばらしいだろう、と

出征《しゅっせい》
軍隊に加わること。出征《しゅっせい》する兵士《へいし》は、軍服の上に自分の名前などを書いた赤いたすき（肩《かた》から腰《こし》にななめにかけた幅広《はばひろ》の布《ぬの》の輪）をかけた

まで思った。そのお祭りさわぎのかげで泣《な》いている人がいようなどとは、夢《ゆめ》にも思いはしなかった。

戦争とお祭りのちがいが、すこしずつわかってきたのは、国民学校にはいってからだ。

三月生《う》まれで、年少だったせいもあるのだろう、ぼくは、新入生中、三番目のちびだった。けんかもびりっけつのほうで、毎日のように泣《な》かされていた。もしも学校が終わらないうちに、漁業組合へ泣《な》いていったりすると、母は、

「やれ、情《なさけ》なや。こがいなことで、りっぱな兵隊さんになれる思うちょるんね。」

と、冷たくぼくを学校に追い返した。

あのころ、おそらく母は、ぼくがりっぱな兵隊さんになって、お国のために死ぬことを本気で考えていたのかもしれない。いや、それは、母だけではない。まわりのおとなたちも、学校の先生もみんな、男の子は

国民学校

昭和十六（一九四一）年、国民学校令《こくみんがっこうれい》によってそれまでの尋常《じんじょう》小学校と高等小学校は「国民学校」と変わり、初等科六年と高等科二年の八年制《ねんせい》となった。学習内容《ないよう》や学校行事なども戦争にかかわることが多くなった

将来《しょうらい》軍人になるために生まれてきたと、信じこんでいるようだった。

だから、学校でけんかをしても、先生はそれほど叱《しか》りはしなかった。

むしろ、泣《な》かされた子どもに、

「もう一ぺんやって、こんどは勝ってこい！」

と、けしかけるくらいのものだった。

おとなたちから、

「学校で何番なら？」

ときかれるのも、たいていは成績《せいせき》のことではなく、けんかの順番だった。

そのため男の子たちは、理由もないのに、よくけんかをした。日ごろ、自分より強いということになっている子で、なんとか勝てそうな相手をつかまえては、みんなの見ている前でとっ組み合いをする。一方が泣《な》くまで、だれも止めにははいらなかった。

もちろんぼくも、けんかをした。相手に指をつっこまれては、くちびるのはしを切った。その傷《きず》がなおらないうちにまたけんかをするので、ますます傷口《きずぐち》が大きくなった。いつかは、口が耳までさけてしまいそうな気がして、おそろしかった。冬になると、傷口《きずぐち》はいつまでもなおらず、冬じゅうぼくは、口の両はしにおできをつけていた。

口のおできよりも、もっとぼくを苦しめたのは、手足のしもやけだった。強い子どもをつくることが目的の学校では、てぶくろやたびは、ぜいたくだといって許《ゆる》してくれない。学校に上がった最初の冬、ぼくの手足は、しもやけでまっかにふくれあがった。夜、ふとんにはいってあったまると、手も足も気が狂《くる》うほどかゆくなった。ひっかくと血が出てきて、そこから化膿《かのう》する。母は、ぼくの手足がまっ白になるほど、ほうたいをまいてくれた。まるで、ほうたいをてぶくろやたびのかわりにするみたいに。そして、両手がすっぽりかくれるくらいの、そでの長いセーターを編《あ》んでくれた。

そんな状態《じょうたい》で学校に通うのは、つらかった。学校では、寒中鍛錬《かんちゅうたんれん》といって、朝礼のあと、はだしでマラソンをさせた。ぼくは、手足のほう

しもやけ
寒さによって血のめぐりがわるくなり、手足の指や耳などが赤くはれたりすること

たび（足袋《たび》）
おもに和服のときにはく、布《ぬの》でできたはきもの。草履《ぞう り》がはきやすいように、親指をいれる部分が分かれている

たいから血うみをにじませながら、りっぱな軍人になるために、歯をくいしばって走った。しかし、夜になって、傷口《きずぐち》にこびりついたほうたいをとりかえるときになると、もうがまんできない。泣《な》きながら、ぼくは、学校を休む口実《こうじつ》を考えはじめた。

ぼくは、おなかが痛《いた》いといっては学校をずる休みするようになった。にがい薬を目をつぶってのみ、いきたくもないのに何度もトイレに通った。寒いトイレにしゃがんでいると、ほんとうにおなかがいたくなってくることもあった。

学校が終わる時間がくれば、ぼくのおなかはけろりとなおった。でも、外に遊びに出ると、先生に告《つ》げ口《ぐち》する子がいるので、ぼくはひとりで、だれもいない家の中で遊んでいた。そんなとき、北崎《きたさき》のコウちゃんがよく遊びにきてくれた。

北崎《きたさき》のコウちゃんは、ぼくと同級生だった。ぼくと同じくらいちびで、ぼくと同じくらいけんかも弱かった。学校にはいるちょっと前に、おかあさんとふたりで、関西のほうから親戚《しんせき》をたよってこの島へきたとかで、いわば、疎開《そかい》っ子のはしりというところ。そのせいか、あまり友だちもいず、いつもひとりで遊んでいるおとなしい子だった。勉強は、とてもよくできた。

ぼくとコウちゃんは、家の中で紙飛行機を飛ばしたり、ふたりきりの戦争ごっこをしたりして、いつもいっしょに遊ぶようになった。外に出るときも、肩《かた》をくんでくっついて歩いた。そんなぼくたちを見て、母が、

「まるで、ふたごみたいじゃね。」

と笑《わら》うくらい、ぼくとコウちゃんは仲《なか》がよかった。

二年生になった春のこと。母は、夜遅《おそ》くまでミシンをふんで、ぼくに新しい服をつくってくれた。青地に白く星をちりばめた模様《もよう》の服である。新しい服などめったに着たことのなかったぼくは、うれしいようなはずかしいような気持ちで、学校にでかけた。

疎開《そかい》 空襲《くうしゅう》からのがれるために、安全な地方の農村などに移《うつ》り住むこと

その帰り、コウちゃんとふたりで校門を出たところで、ぼくは上級生に引き止められた。

「わりゃ、どういうつもりで、そがいな服を学校に着てくるんなら。」

上級生のひとりがいった。なんのことだか、わけがわからない。

「おんどりゃ、非国民《ひこくみん》か。それともスパイか。」

別のやつが、ぼくの頭を指で押《お》した。

「そがいなもん、うれしそうに着やがって。それが、鬼畜米英《きちくべいえい》の旗じゃと知らんのか。」

もうひとりが、胸《むな》ぐらをひっぱった。ようやくぼくにも、わかってきた。ぼくの服地の模様《もよう》が、敵国《てきこく》アメリカの旗に似《に》ているというのだ。そんな服を、うれしそうに着ているやつは、けしからんというのだ。

ぼくが、上級生たちにこづきまわされ、服をびりびりやぶかれるのを、コウちゃんは今にも泣《な》きだしそうに見ていた。そして、泣《な》きながら帰るぼくの後ろから、コウちゃんも、目に涙《なみだ》をいっぱいためて、ついてきて

非国民《ひこくみん》
国民としての義務《ぎむ》や本分に違反《いはん》する者。軍や国策《こくさく》に対して非協力的《ひきょうりょくてき》な者を非難《ひなん》する言葉

くれた。

やがて夏がきて、水泳のシーズンとなった。夏休み直前の午後、ぼくとコウちゃんは、上級生の水泳訓練《くんれん》を見ていた。校庭の前の岸壁《がんぺき》に、ふんどしをつけた四年生以上の男子が一列に並《なら》ぶ。軍隊帰りの佐藤《さとう》という先生が、剣道《けんどう》の竹刀《しない》を持って後ろに立つ。笛《ふえ》を合図に、生徒たちはいっせいに海へとびこむ。しかし、とびこめないですわりこんでしまう子どももいた。泳げないからである。その大部分が、よそからきた子どもだった。

佐藤《さとう》先生は、すわりこんだ子どもたちを、ようしゃなく竹刀《しない》で海へたたき落とす。竹刀《しない》の先が、ばらばらにくだけた。もちろん海には、救助《きゅうじょ》のための小舟《こぶね》がいたが、舟《ふね》に乗っている先生たちも、おぼれて泣《な》きわめく子どもたちを、助けないでわざと見ていた。一度おぼれなければ、泳ぐようになれないという指導方針《しどうほうしん》があったのである。

その水泳練習を見ながら、コウちゃんはまっ青になってふるえていた。

「どうしよう。わし、よう泳がんのじゃ。」

コウちゃんがいった。

「ええよ。四年までには、泳ぐようになるよ。わしが教えちゃるけん。」

ぼくがいった。その実、ぼくもそれほど泳げなかった。

ぼくとコウちゃんは、夏休みじゅうふたりで水泳の練習をした。そして夏の終《お》わりには、イヌかき泳ぎくらいはできるようになった。

「来年になりゃ、なんぼでも泳げるようになるよのう。」

ぼくたちは、そういって次の夏をたのしみにしていた。

しかし、コウちゃんは、なんぼでも泳げるようにはならなかった。その年の秋、コウちゃんは死んだ。

二学期がはじまったころから、ぼくたちのまわりにも、少しずつ戦争がしのびよっていた。学校にいっても、勉強の時間よりも勤労奉仕《きんろうほうし》の時

勤労奉仕《きんろうほうし》
社会の利益《りえき》のために、お金をもらわずに働くこと

間が多くなった。お国の役に立つために、畑の手つだいをしたり、山からたき木を運んだり、神社のそうじをしたりした。

秋の一日、ぼくたちは八幡様《はちまんさま》の裏山《うらやま》へ、ドングリを拾《ひろ》いにいった。ドングリが食糧《しょくりょう》になるなどとは信じられなかったが、とにかく先生からいわれるままに、ひとり竹かご一ぱいずつドングリを拾《ひろ》った。おそらくコウちゃんは、かご一ぱい集められなかったのだろう。みんなが帰ったあと、ひとりでまた山奥《やまおく》へドングリを拾《ひろ》いにいき、それきり帰ってこなかった。

翌日《よくじつ》、ぼくたちは受持《うけもち》の先生から、コウちゃんの死を知らされた。あやまってクマンバチの巣《す》を落とし、顔じゅうをハチにさされて死んでいたということだった。

コウちゃんの葬式《そうしき》には、クラスから四、五人がいった。ほかの生徒が勉強している間をぬけて、ぼくたちはコウちゃんの家にいった。さびしい葬式《そうしき》だった。仏壇《ぶつだん》にかざられてある写真を見ても、コウちゃんが死んだと信じることができなかった。

教室に帰ると、クラスの男子が、机《つくえ》をたたき鉛筆箱《えんぴつばこ》を鳴らして、歌をうたいはじめた。当時の流行歌のかえ歌だった。

きのう生まれた　ブタの子が
ハチにさされて　名誉《めいよ》の戦死

げらげら笑いながら、とてもたのしい歌のようにうたっていた。あれは、授業《じゅぎょう》をぬけて男と女で葬式《そうしき》に出かけたぼくたちへの、ひやかしの歌だったのだろうか。それとも、戦死者の通知が日常《にちじょう》のこととなりつつあったあの時代、子どもまで人の死に慣《な》れていたのだろうか。

ぼくは、教室の戸口に立ちつくしたまま、中にはいることができなかった。そのまま家に帰りかけると、途中《とちゅう》で母に会った。母は骨《ほね》が折れるかと思うほど、ぼくを抱《だ》いた。

「かわいそうに、コウちゃん、かわいそうに、コウちゃん。」

母はそういいながら、道のまん中で泣《な》いていた。

コウちゃんがいなくなったころから、疎開《そかい》で転校してくる児童《じどう》が急に多くなった。疎開《そかい》の子どもがはいってくると、たいていぼくたちの成績《せいせき》は一番下がり、けんかの順位は一番上がった。疎開《そかい》の子どもは、身ぎれいで勉強がよくできた。しかし、見ていると不思議《ふしぎ》なくらい、よく泣《な》く子が多かった。親元をはなれ、だれひとり知る子もいない教室に、ぽつんとすわっている疎開《そかい》の子のさびしさが、島の子どもたちにはわからなかったのである。疎開《そかい》の子が毒《どく》キノコを食べて死にそうになったと聞いてはばかにし、海でおぼれたと聞いては笑った。

疎開《そかい》の子を追いかけてくるように、戦争が島までやってきたのも、そのころである。空襲《くうしゅう》やB29や焼夷弾《しょういだん》のうわさが、毎日ささやかれるようになった。食べるものも着るものも、日に日に不自由になった。秋祭りのごちそうは、砂糖《さとう》のかわりにカボチャを使ったカボチャぜんざいだった。正月モチのあんこもイモだった。

B29
アメリカ軍の爆撃機《ばくげきき》。高い所を飛び、日本の飛行機では追いつけなかった

焼夷弾《しょういだん》
火事を起こすための爆弾《ばくだん》で、空中でひとつの爆弾《ばくだん》の中からたくさんの焼夷《しょうい》弾《だん》が飛び出し、火がついた状態《じょうたい》でバラバラになって降《ふ》ってきた

おとなたちは、防火演習《ぼうかえんしゅう》に熱中しはじめた。気がついてみると、島に残っているのはほとんど、子どもと老人と女と病人ばかり。健康《けんこう》な男は、みんな戦争にいっていた。

もんぺを着たおばさんたちが、運動場で行進や竹槍《たけやり》の練習をしたり、防空壕《ぼうくうごう》づくりに精出《せいだ》すのを横目で見ながら、ぼくたち子どもも、戦争ごっこに夢中《むちゅう》だった。おとなはおとな、子どもは子どもという生活が、はっきりしてきた。

ぼくたちは、学校から帰ると、大いそぎで裏山《うらやま》の防空壕《ぼうくうごう》に走った。防《ぼう》空壕《くうごう》には、近所じゅうの子どもたちが集まってくる。上は高等科（中学一、二年生）から、下はぼくたち初等科の一、二年生までだった。三人の高等科のおにいさんが、防空壕《ぼうくうごう》の大将《たいしょう》で、ぼくたちはみんな、大将《たいしょう》から兵隊の位《くらい》をもらっていた。防空壕《ぼうくうごう》の階級は絶対《ぜったい》だった。位《くらい》の上のものの命令は、どんなことでもきかなくてはならない。すわる順序《じゅんじょ》も階級どおりだった。壕《ごう》の一番奥《おく》に大将《たいしょう》がすわり、入り口に近づくにつれて、下っ

もんぺ
ゆったりとした裾《すそ》を絞《しぼ》った女性《じょせい》用のズボン。動きやすく、作るのも簡単《かんたん》。戦争中は政府《せいふ》による「モンペ普及《ふきゅう》運動」があり、ほぼ強制《きょうせい》的に着用した

竹槍《たけやり》
竹の先をとがらせて作った武器《ぶき》。女性《じょせい》をはじめとする戦争に行かない人も、竹槍《たけやり》で敵《てき》を倒《たお》す訓練をした

防空壕《ぼうくうごう》
崖《がけ》や斜面《しゃめん》をほるなどして作られた、爆撃《ばくげき》から避難《ひなん》するための穴《あな》や建物

兵隊の位《くらい》
軍隊の階級のこと。くわしくは138ページで説明

ぱとなる。まるで、山賊《さんぞく》のすみかのようなありさまだった。

みんながすわると、大将《たいしょう》連中はまず戦利品を集めた。その日、家から持ち出したミカンやモチや魚の干物《ひもの》などを、大将《たいしょう》の前の新聞紙の上にそなえるのである。大将《たいしょう》の気にいるものを持っていくと、その場で位《くらい》が上がった。ときには、自転車のチェーンや、竹刀《しない》のつばなどのけんか道具を、大将《たいしょう》からもらうこともあった。

たばこ屋の子どもは、家からたばこを持ち出して、三階級も位《くらい》が上がった。大将《たいしょう》たちは、そのタバコを分けあって吸《す》い、ぼくたち下っぱは、枯《か》れ葉《は》を新聞紙で巻《ま》いて火をつけ、たばこを吸《す》うまねをした。酒やお金を持ってくる子どももいた。

防空壕《ぼうくうごう》の生活は、やがてやくざの世界と同じにきびしいおきてでしばられるようになった。戦争ごっこに参加しなかったものは、次の日呼《よ》び出されて、全員からビンタをもらった。親にいいつけたものは、仲間《なかま》はずれにされ、道や学校で出会うたびになぐられた。それがこわくて、ぼ

戦利品
敵《てき》からうばいとった物品のこと。そこから、苦労や努力をして手に入れたものという意味にも使われるようになった

くは大将《たいしょう》たちのいいなりになった。畑のイモや山のミカンも、片《かた》っぱしからぬすんだ。農夫にみつかって、松の木にしばりつけられることもあったが、それでもまた取りにいった。

ぼくがはじめて、敵《てき》のグラマン戦闘機《せんとうき》を見たのは、そんな戦争ごっこの最中だった。グラマンは、おもしろ半分みたいに、ぼくらの村を飛行機から機関銃《きかんじゅう》で撃《う》ちまわった。ぼくたちは、ムギ畑に腹《はら》ばいになって、口で「バン！　バン！」と叫《さけ》びながら、木をけずった鉄砲《てっぽう》を飛行機に向けた。それも、戦争ごっこの一つだった。

木の鉄砲《てっぽう》で飛行機を撃《う》ち落とせるはずがなかったが、おとなたちもまた、それに近いことをやっていた。竹の先をとがらせた竹槍《たけやり》で、敵《てき》を殺《ころ》す練習をしていた。ぼくたちが最も期待していた呉《くれ》や江田島《えたじま》の高射砲《こうしゃほう》も、敵《てき》の飛行機には当たらなかった。防空壕《ぼうくうごう》から首をのばして見ているぼくたちの目の上で、砲弾《ほうだん》は花火のように破裂《はれつ》するだけだった。空襲《くうしゅう》がすん

グラマン戦闘機《せんとうき》
アメリカ海軍の戦闘機《せんとうき》。航空母艦《こうくうぼかん》から飛び立って日本中の都市を機関銃《きかんじゅう》で攻撃《こうげき》した

機関銃《きかんじゅう》
弾《たま》を自動的に詰《つ》めこみながら連続で発射《はっしゃ》する銃《じゅう》

高射砲《こうしゃほう》
空中に侵入《しんにゅう》してきた敵《てき》の航空機《こうくうき》を撃墜《げきつい》するための火砲《かほう》

で家に帰ると、家の壁《かべ》のあちこちに、弾丸《だんがん》の穴《あな》があいていた。けれども、奇妙《きみょう》にだれも死ななかった。こんないなかの小さな島では、おとなたちのやっていることも、戦争ごっこに近かった。

そして、くる日もくる日も空襲警報《くうしゅうけいほう》とグラマンに追われる夏がきた。七月中旬《ちゅうじゅん》のある夜、ぼくは母に起こされて浜《はま》に出た。対岸の呉《くれ》の町が、火に染《そ》まっていた。島の人たちは、海岸にすわりこみ、夜がふけるまで焼夷弾《しょういだん》の雨が軍港呉《くれ》を灰《はい》にするのを見つめていた。

「次は広島じゃろうて。」

だれかがいった。母は、

「死ぬんなら、親子四人、いっしょに死にたいねえ。」

と、いった。広島の学校にいっている兄のことを、母はひそかに心配していた。次の日から、広島があぶないといううわさは、たちまちにひろがった。しかし、それがあの原子爆弾《げんしばくだん》であろうと予想《よそう》したものは、だれひとりいなかったろう。

空襲警報《くうしゅうけいほう》
敵《てき》の航空機《こうくうき》が近づいてきていることを知らせるサイレン

原子爆弾《げんしばくだん》
核分裂《かくぶんれつ》を起こして生み出した力で爆発《ばくはつ》させる爆弾《ばくだん》。新型爆弾《しんがたばくだん》とも呼《よ》ばれた八月にはいっても、ぼくたちに夏休みはこなかった。サイレンで、すぐ家に呼《よ》びもどされるぼくたちに、夏休みはあってもなくても同じようなものだった。

八月六日の朝、学校にいきかけたぼくは、忘《わす》れ物をとりに家に帰った。家にはいったとたん、目の前が光った。あわてて外に出た。

「なんじゃろうか。」

「照明弾《しょうめいだん》かのう。」

「まさか、この明るいのに……。」

外で、おばさんたちが話し合う時間があった。つづいて、地ひびきのような爆発音《ばくはつおん》。あわててサイレンが鳴りはじめた。空に、飛行機はなかった。

家へ逃《に》げ帰る子どもと反対に、ぼくは学校へ走った。特別《とくべつ》なことが起きたような気がした。校庭には何人かの児童がかたまって、江田島《えたじま》のほうを指さしていた。山の後ろから、まっ黒い入道雲がわき上がっている。

照明弾《しょうめいだん》
発光する物体を空中に放ち、周囲《しゅうい》を照らす弾丸《だんがん》。夜間の攻撃《こうげき》や航空機《こうくうき》の着陸誘導《ゆうどう》などに使う

「江田島《えたじま》の火薬庫《かやくこ》がやられたんじゃ。」

そう叫《さけ》んで、江田島《えたじま》まで走りだす上級生もいた。

黒い雲は、キノコの形をして天に浮《う》かんだまま、午後になっても消えなかった。家に帰ると、母が台所の上がり口に腰《こし》かけていた。

「広島がやられた。」

母は、ぽつんといった。

「ほんまね。」

「わたしは見た。ちょうど、イリコ干《ほ》し場《ば》から広島の空を眺《なが》めよったら、血の色が広島の上を走った。あれはたぶん、特殊爆弾《とくしゅばくだん》じゃ。」

母は、それだけいうと、だまった。夕方になると、母は船着き場へ出かけた。広島から帰ってくる人に、ようすを聞くためだった。しかし、その日、広島からの連絡船《れんらくせん》は、はいってこなかった。

次の日もその次の日も、母は上がり口にすわったままだった。そして、連絡船《れんらくせん》が着く時間だけ船着き場へいった。上陸する人のほとんどは、身《み》

イリコ
煮干《にぼ》し。カタクチイワシをゆでて干《ほ》したもの

内《うち》をさがしに宇品港《うじなこう》までいき、市内にはいれないでひき返した人たちだった。

「うちのお兄ちゃんに、会いませなんだか。」

母は、上がってくるひとりひとりにたずねた。なかには、ほうたいのはしから、ぼろきれのように焼けただれた皮膚《ひふ》をのぞかせている人もいたが、返事はみんな同じ。

「広島は全滅《ぜんめつ》じゃ。」

それでも母は、船着き場へいった。ぼくたちの食事の用意も、してくれなかった。

「ごはん食べにゃ、学校へいけんじゃなあ。」

ぼくがいうと、

「学校にいかんでもええ。日本は負けじゃ。」

母はいった。あとにも先にも、母からこんななげやりなことばを聞いたのは、はじめてである。兄が生きているとわかったのは、原爆《げんばく》から四日目であった。ちょうど市内から帰ってきた兄の同級生が、船着き場の母を見て、叫《さけ》んだ。

「おばさん、ユウちゃんは生きちょるで！」

母は、その場にすわりこんだ。あの朝、兄は学徒動員で広島郊外《こうがい》に出ていて、運よく助かったのであった。それから、市内に友だちをさがしにもどっていて、同級生に会ったということだった。

そして、終戦はあっけなくやってきた。天皇陛下《てんのうへいか》の放送があったあと、母はぼくと姉を仏壇《ぶつだん》の前にすわらせた。ぼくたちは、声をあげて泣《な》いた。

そのあと、ぼくは防空壕《ぼうくうごう》にいった。未来《みらい》の軍人たちが集まって、酒を飲み、やけくその歌をうたっていた。ぼくも飲んだ。うたった。

きのう生まれた　ブタの子が
ハチにさされて　名誉《めいよ》の戦死

もう涙《なみだ》は出なかった。ぼくの〝戦争ごっこ〟は、そこで終わった。

＊

学徒動員
中等学校以上の学生が、生産の増強《ぞうきょう》や戦闘力《せんとうりょく》の補《ほ》充《じゅう》のために働いた

天皇陛下《てんのうへいか》の放送
一九四五（昭和二十）年八月十五日の正午すぎ、昭和天皇《てんのう》は太平洋戦争終結の決定をラジオ放送で国民に伝えた。これを玉音放送と呼《よ》ぶ。ほとんどの国民は、このとき初めて天皇《てんのう》の声を聞いた

ぼくがほんとうの戦争を知ったのは、それから何年もたってからだった。ほんとうのことを本で読み、かくされていたことを知らされ、戦争というものがどんなものか、だんだんにわかってきた。

もしも戦争になることが、熱いフライパンに投げこまれるようなことなら、はじけとんで逃《に》げだすこともできるだろう。しかし戦争は、かくされたところではじめられ、まるで季節が変わるように、いつのまにかぼくたちをとりまいてくる。あるいは今も、新しい戦争がぼくたちをつつみこもうとしているかもしれない。ぼくは、それがこわい。

原子爆弾《げんしばくだん》

原子爆弾《げんしばくだん》（原爆《げんばく》）は、それまでの火薬による爆発《ばくはつ》とはちがい、ウランやプルトニウムなどの「原子核《げんしかく》」を人工的に壊《こわ》す「核分裂《かくぶんれつ》」を起こし、大量のエネルギーを放出して爆発《ばくはつ》させる新しい爆弾《ばくだん》でした。

とても強い爆発力《ばくはつりょく》があるその原爆《げんばく》が、一九四五（昭和二十）年八月六日に広島に、九日に長崎に、世界で初めて落とされたのです。

一瞬《いっしゅん》で、とてつもない爆風《ばくふう》や高熱、人体に危険《きけん》な放射線《ほうしゃせん》が放たれて、街も人もたくさんの被害《ひがい》を受けました。その年だけでも広島でおよそ十四万人、長崎でおよそ七万人が亡《な》くなったのです。

当時の人びとは、その新しい爆弾《ばくだん》についての知識《ちしき》がなく、何が起こったのかわかったのは、後になってのことでした。原爆《げんばく》が落ちて何年もたってからも、放射線《ほうしゃせん》の影響《えいきょう》で、目が見えにくくなる人がいたり、白血病《はっけつびょう》という血液《けつえき》のがんになる人がいたり、長い間多くの人びとが苦しめられています。

原爆《げんばく》とは

連続した核分裂《かくぶんれつ》を起こすためには、一定量以上の核分裂物質《かくぶんれつぶっしつ》が必要です。原子爆弾《ばくだん》の中には、それを分けたり低密度《ていみつど》にして、爆発《ばくはつ》しないように入れてあります。起爆装置《きばくそうち》と爆薬《ばくやく》を使って合わせたり圧縮《あっしゅく》したりして、核分裂《かくぶんれつ》の連《れん》鎖《さ》反応を起こす量にして爆発《ばくはつ》させます。

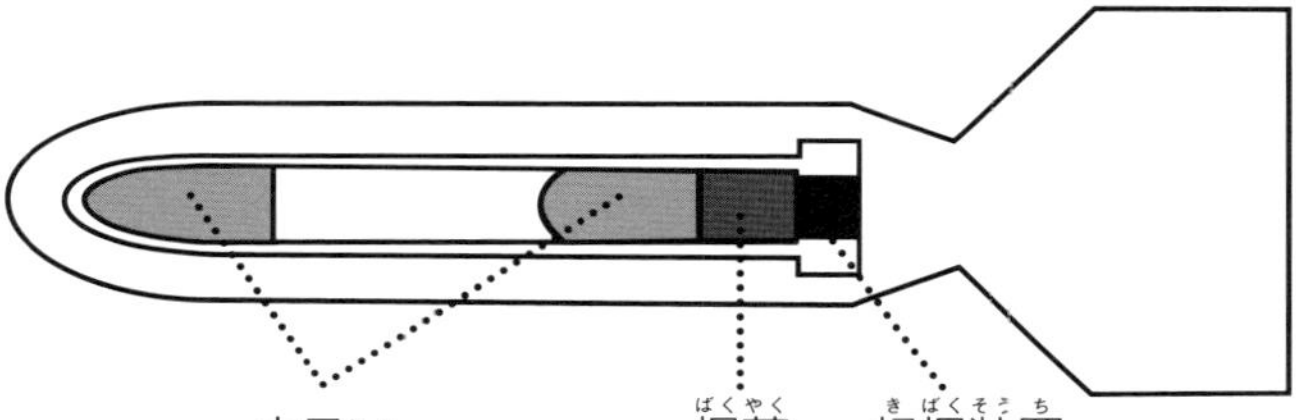

広島に投下された原子爆弾《ばくだん》

核分裂《かくぶんれつ》を起こすよりも少ない量の濃縮《のうしゅく》したウランを２か所に離《はな》して入れてある。それが爆薬《ばくやく》の爆発力《ばくはつりょく》で1つに合わさり、核分裂《かくぶんれつ》が始まるウランの量となって、次つぎと核分裂《かくぶんれつ》する連鎖《れんさ》反応が起こり爆発《ばくはつ》する仕組み。

小さい男の子という意味の「リトルボーイ」という名前が付けられていた。

全長約3メートル。

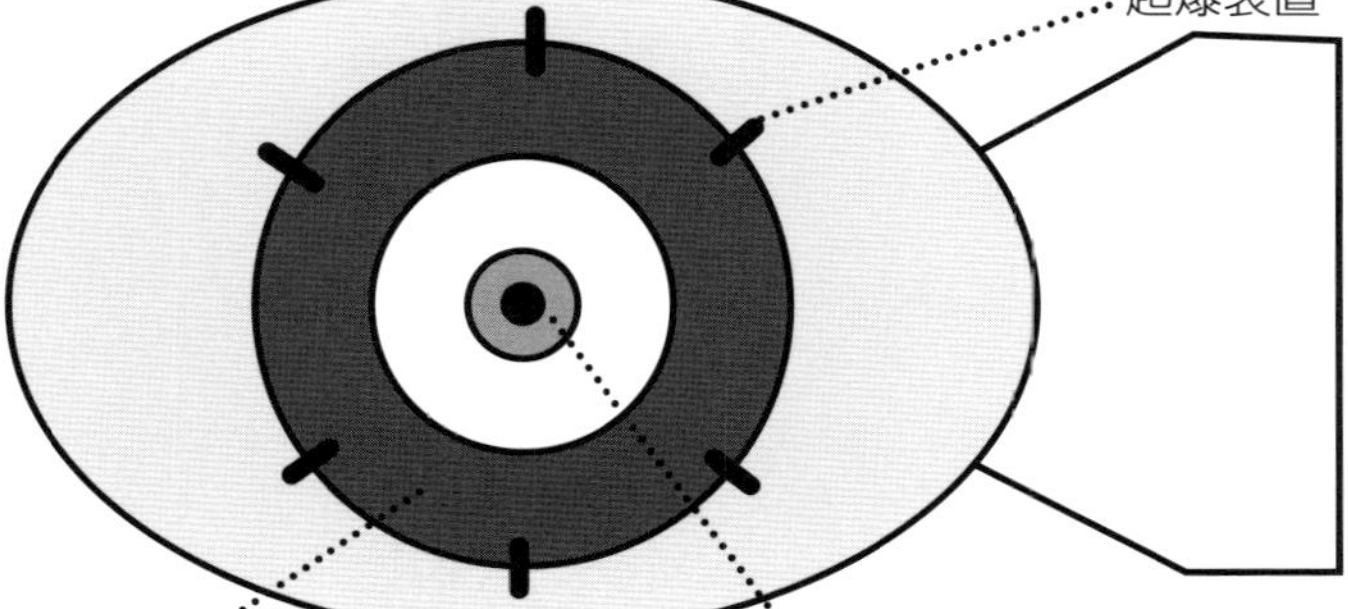

長崎に投下された原子爆弾《ばくだん》

球体の中心にプルトニウムを置き、周りを爆薬《ばくやく》と起爆装置《きばくそうち》で包み密閉《みっぺい》している。爆薬《ばくやく》の爆発力《ばくはつりょく》で圧力をかけてプルトニウムを中心に集め核分裂《かくぶんれつ》の連《れん》鎖《さ》反応を起こす、爆縮《ばくしゅく》方式と呼《よ》ばれる仕組み。

太った男という意味の「ファットマン」という名前が付けられていた。

全長約3．2メートル。

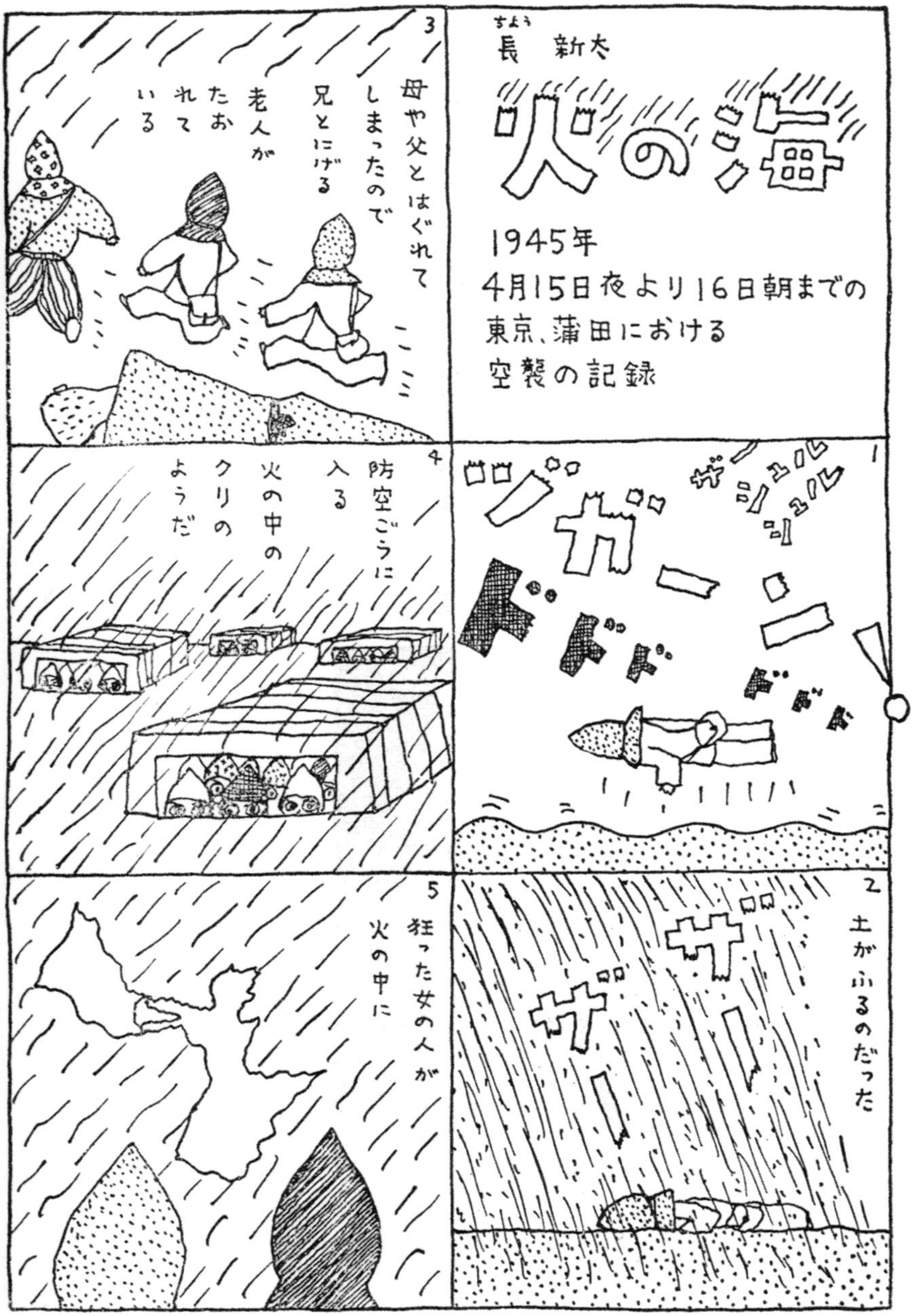
長《ちょう》 新太
火の海
1945年
4月15日夜より16日朝までの
東京、蒲田における
空襲の記録
ザーシュルシュル
ヅガーン!
ドドド
ドドド
ザー
ザー
土がふるのだった
母や父とはぐれてしまったので
兄とにげる
老人がたおれている
防空ごうに入る
火の中のクリのようだ
狂った女の人が火の中に

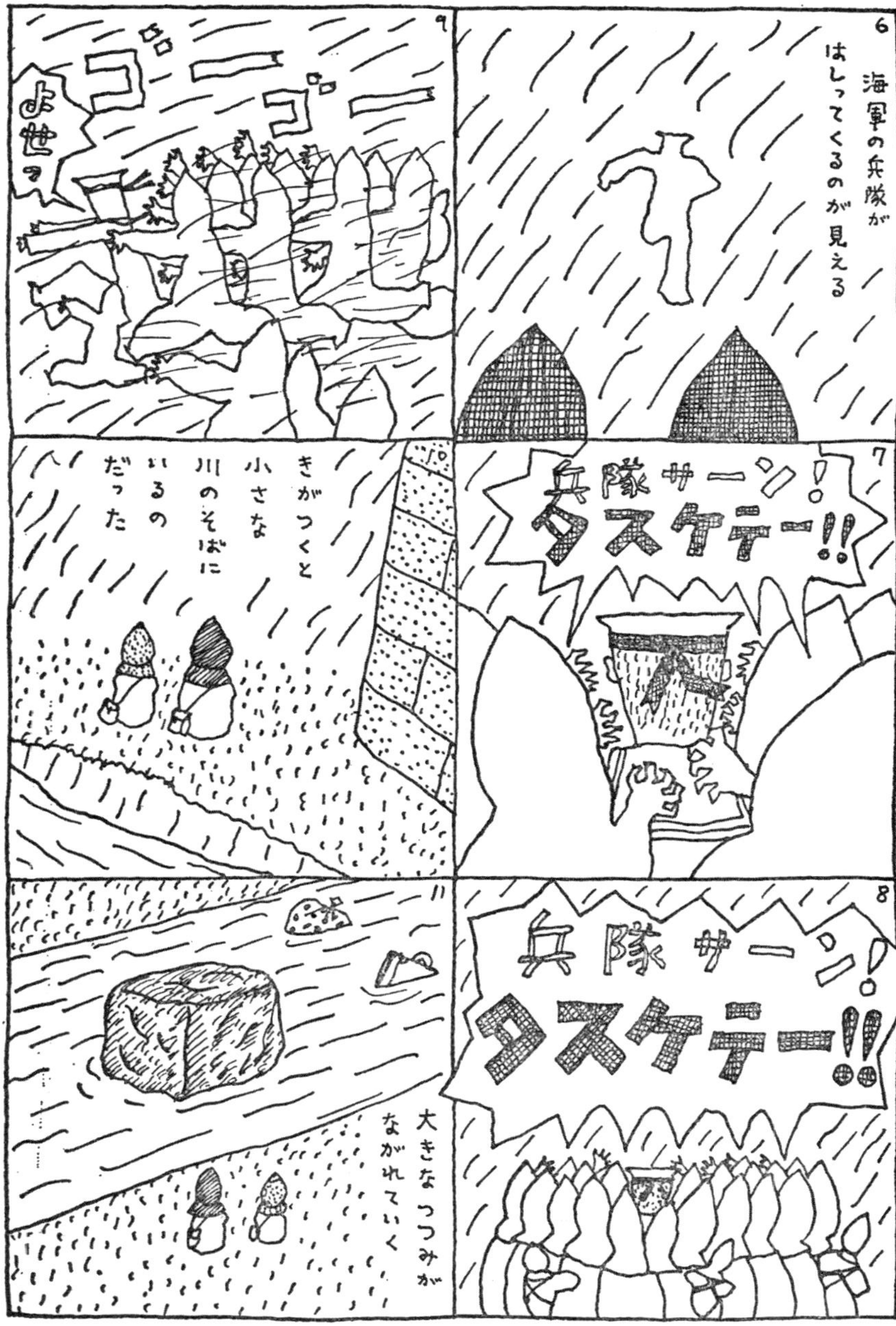

海軍の兵隊が
はしってくるのが見える
兵隊サーン!
タスケテー!!
兵隊サーン!
タスケテー!!
ゴー
ゴー
よせっ
きがつくと
小さな
川のそばに
いるのだった
大きなつつみが
ながれていく

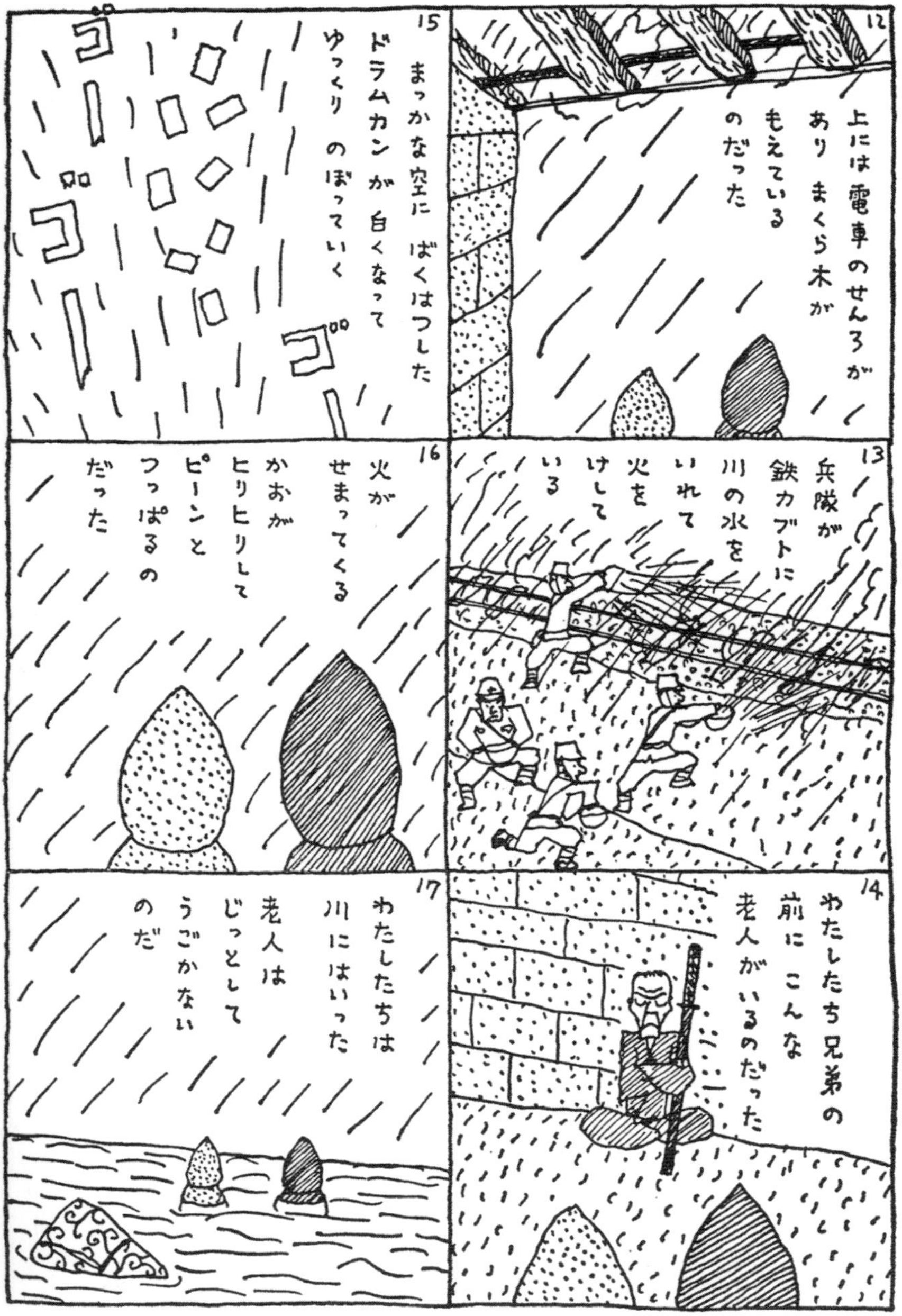
12
上には電車のせんろが
ありまくら木が
もえている
のだった
13
兵隊が
鉄カブトに
川の水を
いれて
火を
けして
いる
14
わたしたち兄弟の
前に こんな
老人がいるのだった
15
まっかな空に ばくはつした
ドラムカンが白くなって
ゆっくり のぼっていく
ゴー
ゴー
ゴー
16
火が
せまってくる
かおが
ヒリヒリして
ピーンと
つっぱるの
だった
17
わたしたちは
川にはいった
老人は
じっとして
うごかない
のだ

18
B29が
ひかって見える
19
老人の刀は
黒くひかっていて
ものすごく
大きかった
そばにいると
安心な
かんじだった
20
見わたすかぎり
火の海だ
ゴー
ゴー
ゴー
ゴー
21
わたしたちは
ねむって
しまったのだろうか
夜があけて
火は
だいぶきえて
いるのだった
22
ものすごい
けむり
目がいたい
23
四月十六日
朝九時ころ
母と父に
あう
おわり

ぼくと同じ年になれなかった子

田島征三《たしませいぞう》

「ここもあぶない。」

父の即断《そくだん》で、ぼくの一家は大阪府堺市《さかいし》大浜《おおはま》から府下《ふか》泉南郡《せんなんぐん》の農村へ疎開《そかい》することになった。

戦争に敗《ま》ける年の春のことである。荷物をしょった父と母と小学生の姉と五歳《さい》になったばかりのぼくらふたごの兄弟は、暗

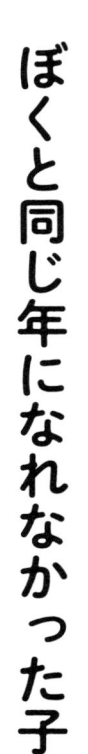

いホームで和歌山行きの夜行列車を待った。

しかし、やってきた汽車は満員でデッキにまで人があふれていた。大きな荷物と幼児《ようじ》をつれた一家が乗れることは、不可能《ふかのう》のようだった。

「この汽車をのがすと、今夜はもう便《びん》がない。きょうじゅうに、この町をはなれなければだめだ。」

と父はいいはって、無理《むり》にでもこの汽車に乗るつもりらしい。父は持っていた荷物で汽車の窓《まど》ガラスを割《わ》って、

「この子らをおねがいします。」

と、ぼくら二人をガラスの割《わ》れ目から中に投げこんだのである。

知らない人たちの中で、ぼくらは不安な夜をすごした。父や母や姉は、この列車に乗ることができたのだろうか。心配でしかたがなかった。

どこかの長い鉄橋《てっきょう》をわたるとき、黒い海の向《むこ》うがまっ赤だった。

「神戸《こうべ》がもえとる。」

と、おとなたちがさわいでいた。知らないおばさんが泣《な》いていた。

＊

疎開《そかい》した村の名はヒネノといった。小さな池や湖《みずうみ》がちらばっていて、遠くに海の見える美しい村だった。夕焼けがきれいで、畑の中にいくつ

ヒネノ
日根野村《ひねのむら》（現在《げんざい》の大阪府泉佐野市《いずみさのし》の一部地域《ちいき》）

もあるタマネギ小屋が、赤く染《そ》まっていた。

池には食用ガエルがうるさく鳴いていたが、そのカエルのおかげで、堺《さかい》にいるときのようなひもじい思いをすることはなかった。

堺《さかい》では、毎日カイホウメンというヒジキに似《に》ているけれど味も栄養《えいよう》もないネズミのふんのような海草のはいったごはん（カイホウメンの中に米つぶがまじっているといったほうがよかった）だった。ところがヒネノにきてまもなくのこと、村で寄《よ》り合いがあって母についていった。そこでぼくらは、マッチロイ、マッチロイ銀めしの大きなおにぎりを二つもらったのだ！　ぼくはそれにかぶりつきながらオイオイ泣《な》いてしまったことを、今でも忘《わす》れない。

そしてもう一つ、忘《わす》れることのできないことがある。ヒネノについたつぎの夜おそく、向《むか》いのおじさんがすすだらけの顔でやってきたのだ。堺《さかい》が焼けて、おじさんの家族はおじさん以外、みんな焼け死んだというのだ。

カイホウメン
海宝麵《かいほうめん》。すりつぶした海草と少量のでん粉《ぷん》でつくられたもの。米の代わりに食べた代用食

マッチロイ銀めし
白米のご飯

ぼくには好《す》きな女の子がいた。名は忘《わす》れたけれど、三歳《さい》くらいでおしゃまな子だった。その子はお母さんにおやつをもらうと、ぼくに、

「セイちゃんもあたしのように大きゅうなったらこれあげるからね。」

と、よくぼくにそのおやつをみせびらかせながら食べていたのを思い出す。ぼくは一つか二つその子より大きかったので、その子の年にどうしてもなれないのをくやしがったものだ。その

女の子は、向《む》かいのおじさんの家の子だった。

おじさんは、町内の人がほとんど死んだと教えてくれた。おじさんは、すすだらけの顔に涙《なみだ》一つぶこぼさず、どの人がどこでどういうふうにして死んだかを話してくれた。そして、二、三日ヒネノにいて、しょんぼりまたどこかへいってしまった。向《む》かいのあの子は、いつまでたってもあのころのぼくと同じ年にはなれないのだ。

おふくろさんのいくさが始まる……

今江祥智《いまえよしとも》

1

おふくろさんにとっては、ほんとうのいくさは空襲《くうしゅう》の日に始まった——といってもいいかもしれない。おふくろさんは、この日本のお国に米機や英機が飛んでくるなどとは思ってもみなかった。だから、街《まち》を逃《に》げだしていなかで暮《く》らす「疎開《そかい》」など、考えてもいなかった。やがて米機が東京はじめ、日本のあちこちに飛んできて爆弾《ばくだん》を落とすというニュースをきいても、この大阪にはまず来《き》はれヘンやろ……と、たかをくくっていた。なんせ、わてらが住んどるとこやさかいな……と、まったく勝手な理屈《りくつ》をつけてすましていた。それに、亡《の》うなったおとうさんかて、おばあちゃんかて、ついて、ついてくれてはりますさかいな……というのだった。

——いや、帝国《ていこく》陸海空軍がついてはるんや。

と胸《むね》をはったのは兄貴《あにき》で、なあおまえ……と同意を求められて、気弱くうなずくのはわたしだった。上の兄を、顔のかたちがかわるほど殴打《おうだ》した帝国《ていこく》陸軍よりも、位牌《いはい》のほうが「お守り」らしかった……。

それに万々《まんまん》が一大阪に敵機《てきき》が来やはっても、家《うち》は見えしません——と、おふくろさんは庭の二本の大木を指さしてくり返すのだった。庭の西のすみに、兄貴《あにき》とわたしが両手を精《せい》いっぱいのばしてつなぎあわせてもたりないほどの胴《どう》まわりをもつ楠《くすのき》の古木と銀杏《いちょう》の大木があった。楠《くすのき》は年じゅうびっしりと葉をしげらせていたし、銀杏《いちょう》もこまかな枝《えだ》を空にさしあげるようにして立っており、その二本の木陰《こかげ》にあるさかい、家《うち》は空か

帝国《ていこく》
大日本帝国《だいにっぽんていこく》の略《りゃく》。もとは皇帝《こうてい》が支配《しはい》している国という意味

位牌《いはい》
仏教《ぶっきょう》で使用される仏具《ぶつぐ》で、亡《な》くなった人の名前などを刻《きざ》んだ木製《もくせい》の板

ら見えしません——というわけらしかった。

けれどこちらが、空からわが家を見ることはできなかったし、近くに高いビルもなかったから、おふくろさんのことばがほんとうかどうかをたしかめる術《すべ》はなかった。ただ、そう思いこんだほうが、気が楽なことはたしかだった。

——それに、楠《くすのき》には巳ィ《み》さんがいてはります。これをしっかりお祀《まつ》りしたら、大丈夫《だいじょうぶ》だす。

といいきり、毎朝、ていねいに磨《と》いだお米を素焼《すや》きの小皿に盛《も》って供《そな》えた。わたしにできることは、そんなおふくろさんのうしろに立って、手をあわせることくらいだった。おふくろさんは大阪空襲《くうしゅう》があろうなどとは信じなかったし、兄貴《あにき》はわが国の必勝を信じていた。わたしはそんな二人を信じて手をあわせるよりなかった……。

そんなわけでおふくろさんは、あいかわらず疎開《そかい》のことは考えなかったし、亡《な》くなったとうさんの洋服などを「疎開《そかい》」することさえ考えもし

巳ィ《み》さん
ヘビのこと。ヘビは神様の使いといわれる

なかった。――

おふくろさんが、とうさんの洋服や自分の着物などを、生家のある紀北《きほく》の農家に「疎開《そかい》」する決心をしたのは、昭和二十年の正月もすぎてからのことだった。下旬《げじゅん》のころから大阪に飛来《ひらい》したB29爆撃機《ばくげきき》の爆弾《ばくだん》投下のニュースにたまげたからだった。荷物を運んでくれる車など、もうあるはずがなかったが、料亭《りょうてい》をやっていた（といっても、お客はほとんど軍人か軍需工場《ぐんじゅこうじょう》にかかわりをもつ「軍関係者」しかなかった）伯父《おじ》が魔法《まほう》みたいにつごうしてくれた。おふくろさんはその小型《こがた》の荷台に、なごりおしそうに小出しに荷物を積んでいって、としとって気が短くなっている運転手をいらいらさせた。――「荷物たしかに預《あず》かった」という葉書《はがき》がのんびりついたのは三月にはいってからのことだった。あの大空襲の夜まで、あと何日もなかった。

そして、あの炎《ほのお》の夜がきた。

紀北《きほく》
紀伊《きい》国（現在《げんざい》の和歌山県全域《ぜんいき》と三重県南部の東紀《ひがしき》州《しゅう》）の北部

B29
アメリカ軍の爆撃機《ばくげきき》。高い所を飛び、日本の飛行機では追いつけなかった

軍需工場《ぐんじゅこうじょう》
兵器や爆薬《ばくやく》などの軍事に必要なものを生産、修理《しゅうり》する施設《しせつ》

爆音《ばくおん》、炸裂音《さくれつおん》、炎《ほのお》の吹《ふ》きあげる唸《うな》り声、爆風《ばくふう》、消火にかけまわる貧弱《ひんじゃく》な男手のあげるかすれた叫《さけ》び声――の中で、いちばんおちついてみえたのがおふくろさんだった。あきらめがいちばんよかったのもおふくろさんだった。

角《すみ》っこの空家《あきや》に落下した焼夷弾《しょういだん》の火だけでもなんとか消そうと走りまわるわたしたち兄弟に、

――二人とも、何してなはるのや！

しかりつけるようにどなって、

――さ、二人とも、逃《に》げますのンや！

と命令したのは、おふくろさんだった。

――そやかて、家《うち》にはまだ落ちとらへん。燃《も》えとらへん。ここさえ消したら大丈夫《だいじょうぶ》や。

兄貴《あにき》が口をとがらせて抗議《こうぎ》すると、

――この勢《いきお》いの火ィや、路地《ろじ》から抜《ぬ》けられんようになってからでは丸

焼夷弾《しょういだん》
火をつける力が強い爆《ばく》弾《だん》。空中で大きな爆弾《ばくだん》の中から小さな爆弾《ばくだん》がたくさん出てばらまかれた。火がついた状態《じょうたい》で降《ふ》ってきた

焼きになるだけだす。

おふくろさんには、焼きたてのパンみたいになってころがってる母子三人の死体が思いうかぶらしかった。それでも兄貴《あにき》が、自分にとっての宝物《たからもの》であるレコードの山にみれんがあるのか、

――ちょっともってこさしてんか。

どなるようにいってかけだすのを止めはしなかった。兄貴《あにき》は数分でかけもどり、脇《わき》の下にシューベルトの「冬の旅」の組物《くみもの》レコードをしっかりかかえていた。おふくろさんは、さっきから何やら大事そうにかかえたものをもちなおし、わたしは空《あ》いた二人の片方《かたほう》ずつの手に両手をとられて、かけだした。ほとんど同時にものすごい音がして、まわりに焼夷《しょうい》弾《だん》の雨が降《ふ》りそそいだ。一発でも頭にくらえば、頭が胴中《どうなか》にめりこんで即死《そくし》だった。あれだけの数が降《ふ》ってきたのに当たらなかったのは、まったく運がよかったとしか思えない。不発弾《ふはつだん》が多かったのも不幸中の幸いだった。足もとに落下したやつがはじけれぱ油脂《ゆし》まみれになり、身

不発弾《ふはつだん》
発射《はっしゃ》しなかったり、地面などに当たっても爆発《ばくはつ》をしなかった弾丸《だんがん》や爆弾《ばくだん》

体じゅう一瞬《いっしゅん》にして火だるまになるしかけだから、たまったものではない……。

三人は走った。三月なのに夏より暑く——いや、熱くて、防火《ぼうか》用水の水を——いや、氷水を何杯《ばい》かかぶらねばならなかった。夜半なのに昼間より明るく、それでいて、泣《な》き声叫《さけ》び声のない人波の中の一点になって、みんなといっしょに暗いほうへ、火のないほうへ、ゆれて走った。

何ももっていないわたしの両手をにぎりしめる、二人の手の力が万力《まんりき》になって、とても痛《いた》かった。そしておふくろさんがもう一方の手で小脇《こわき》にしっかりかかえていたものは、(あとで気がつくと)なんと、おひつであった。

＊

その夜は東へ逃《に》げて走って、うまく焼け残ったおやじさんの兄さんの家に泊《と》めてもらった。火鉢《ひばち》の火がうれしく、ふとんがなかなかあたたまらないことが、ついさっきの火の壁《かべ》の中での熱さのことを思うとふしぎ

万力《まんりき》
ものをはさんでしめつけ固定させる工具
おひつ
ご飯を入れておく木製《もくせい》の器《うつわ》。円形やだ円形で、ふたがある

でならなかった。何度目を閉《と》じても、黒いはずの目の奥《おく》に炎《ほのお》が舞《ま》い、火がひろがって燃《も》え狂《くる》った。ほんとうは煙《けむり》がしみこみすぎた目の痛《いた》みと涙《なみだ》のせいもあったのだろうが、その夜はものをちゃんと考えることなど、とてもできなかった。

疲《つか》れだけが、眠《ねむ》りに無理《むり》にひきこむ力をもっていた……。

＊

翌朝《よくあさ》、三人の中で目がいちばん赤いのは、おふくろさんだった。おふくろさんは信玄袋《しんげんぶくろ》からとりだしたおやじさんとおばあちゃんの位牌《いはい》を座《ざ》敷机《しきづくえ》の上にならべて、長いことおがんでいた。――

2

おふくろさんにとっては、その日からほんとうのいくさが始まったのかもしれない。

信玄袋《しんげんぶくろ》
底板《そこいた》があり、口をひもでしめる、手さげの袋《ふくろ》

大本営発表《だいほんえい》（三月十四日）では、

「昨三月十三日二十三時十分頃《ごろ》より約三十分に亘《わた》りB29約九十機大阪地区に来襲《らいしゅう》、雲上より盲爆《もうばく》せり、右盲爆《もうばく》により市街《しがい》各地に被害《ひがい》を生ぜるも、火炎《かえん》の大部は本十四日九時三十分頃《ごろ》までに鎮火《ちんか》せり。……」

と、かんたんにすませられても、その実、一夜で十三万戸の家が焼け、五十万人の人間がその夜からねぐらがなくなっており、おふくろさんも二人の息子《むすこ》をかかえて、そうした「焼けだされ」の一人になっていたのだった。

何も準備《じゅんび》していなかったから、一から考えねばならなかった。

おふくろさんがまず考えたことは、一日でも早く大阪から一歩でも遠くへ離《はな》れたいということだった。山の近くの「空から見つからんとこ」へ逃《に》げることだった。あの夜、あれだけおちついているようにみえ、こわがらなかったようにみえていながら、その実、おふくろさんは、おへその芯《しん》までふるえあがったのだった。日本も大阪も楠《くすのき》も巳《み》ィさんもおや

大本営発表《だいほんえい》
陸海軍の最高機関《きかん》が国民にむけて発表した、戦争《せんそう》の状況《じょうきょう》に関する情報《じょうほう》

盲爆《もうばく》
目標を確定《かくてい》せず、むやみやたらに爆撃《ばくげき》すること

大阪大空襲《だいくうしゅう》
大阪は五十回をこえる空襲《くうしゅう》をうけた。そのうち、B29が百機以上飛来した大空襲《だいくうしゅう》が、昭和二十年三月十三日深夜におこった第一次大阪大空襲《だいくうしゅう》にはじまり、八回もあった

じさんの位牌《いはい》も――いっさいの「お守り」がちっとも役にたたなかったのだ。頼《たの》みの綱《つな》は伯父《おじ》だったが、今のところ見当も連絡《れんらく》もつかない。とにかく一人でいっさいがっさいをとりしきらねばならず、それよりも今夜にもまた大空襲《だいくうしゅう》がくり返され、あの炎《ほのお》の夜のアンコールをやらされるかもしれないと思うと、腰《こし》がおちつかなかった。

兄貴《あにき》とわたしが焼《や》け跡《あと》へ何か残っとるもんがないやろか――さがしにいったあと、おふくろさんは何とか動いてくれた郊外電車《こうがいでんしゃ》をのりついで、生駒山麓《いこまさんろく》の小さな村の農家に離《はな》れを借りる契約《けいやく》をすませてきた。工場どころか、家らしい家が五軒《けん》とかたまってあることもないさびしい村だから、まさかこんなところまで爆撃《ばくげき》の目標にせえへんやろさかい……というのが、おふくろさんのそこを選んだ理由だった。

昔気質《むかしかたぎ》のおふくろさんは、自分が背負《せお》えるほどの小さな仏壇《ぶつだん》を買うと、挨拶《あいさつ》も早々《そうそう》に、二人をつれて、今里《いまざと》の伯父《おじ》の家を出た。ぐずぐずしていて、今夜にでも空襲《くうしゅう》があれば、こんどこそいのちがない――というせっぱつまった気もちが、おふくろさんをつき動かしていた。わたしたち兄弟に、これまでに見せたことのなかったおふくろさんのもう一つの顔だった。いてもたってもおられないくらいのこわさとのたたかいが、おふくろさんにとってのいくさであり、大阪脱出《だっしゅつ》が、たたかいの開始だったのだ……。

*

昔風《むかしふう》にどっしり建てられた農家の離《はな》れは、おふくろさんにはたのもしい造《つく》りに見え、おちつけたらしかったが、わたしたちには暗くて、圧《お》しつけがましい造《つく》りに見えておちつけなかった。わたしたちは大阪の学校へ行きたがり、おふくろさんは断固《だんこ》として休むように命令した。せっかくひろうたいのちだす、何もわざわざ大阪まで捨《ほ》りにいくことあらしません……というのだったが、こちらは退屈《たいくつ》した。兄貴《あにき》のもって逃《に》げたレコードは、あんまりしっかりかかえこんで走ったから、そのときされいに割《わ》れてしまっていた。もっとも、無事《ぶじ》でも、かける器械がなかった。

本一冊《さつ》、トランプ一枚《まい》なかったし、三月の空にはトンボもチョウもいなかった。友だちもいなかったし、自転車もなかった。おふくろさんは、次の町まで歩いて食器などさがしにでかけた。わたしたちは外へ走り出て、生駒山麓《いこまさんろく》の小さな山にかけのぼった。そこからは、生駒《いこま》の頂上《ちょうじょう》がよく見えた。頂上《ちょうじょう》の飛行塔《ひこうとう》は無事であり、いくさにはちっとも役にたたない「飛行機」が四機ぶらさがっているのが見えた。そしてわたしはもっと幼《おさな》いころ、いくさが始まる前、おやじさんが生きていたころのある日曜日のことを思いおこしていた。——

わたしは七歳《さい》。買ってもらったばかりの学帽《がくぼう》をしっかりかぶり、それでもまだ風に飛ばされるのを不安がって、ひさしをしっかりにぎって飛《ひ》行塔《こうとう》の飛行機にのっかっている。やっと気もちのゆとりができて、下を見ることができる。父と母とがこちらを見上げて手をふっている。すると、とうさんの帽子《ぼうし》が風で飛ばされる。かあさんが追っていって、ひろいあげる。それから、ていねいにホコリをはらって、とうさんの頭にか

生駒山《いこまやま》の飛行塔《ひこうとう》
大阪府と奈良《なら》県の県境《けんざかい》にある生駒山上《いこまさんじょう》遊園地に昭和四年につくられた大型《おおがた》の遊具。戦時中は海軍の防空監視所《ぼうくうかんしじょ》としても利用され、金属類回収令《きんぞくるいかいしゅうれい》をのがれることができた

ぶせる。とうさんは子どもみたいにじっと立って、されるままになっている。それからかあさんに何かいう。かあさんが笑《わら》う。まるで女学生みたいに明るい笑顔《えがお》だとわたしは思う。

くるりくるりと飛行塔《ひこうとう》はまわる。そんな父と母の姿《すがた》が遠くなったり近くなったりして――ふたりはとっても愉《たの》しげに見えた……。いくさと空襲《くうしゅう》が遠くへ消えていって、わたしは長いことぼんやり見つづけていた……。

＊

不揃《ふぞろ》いの食器で遠足のときみたいな食事をすませたあと、わたしはおふくろさんに、そのことをぽつりぽつりと話した。ふうん、そんなことがおましたかいな……と、上《うわ》の空《そら》で答えていたくせに、おふくろさんは、食後、暗《くろ》うなっても、飛行塔《ひこうとう》見えますかいな、とたずねた。

シルエットになってよう見えるやろな、と兄貴《あにき》が答え、シル……なんやて――とおふくろさんが問い返し、影《かげ》になってうきでるやろ、ちゅうこっちゃ、と兄貴《あにき》も重ねて説明した。

三人は小山にのぼった。

生駒山《いこまやま》の飛行塔《ひこうとう》は夜目《よめ》にもはっきり見ることができた。けれど、そのあと、ふりかえった西の空に見たのは、あの空爆《くうばく》の夜、いやというほど見た焼夷弾《しょういだん》の火の雨だった。遠く神戸《こうべ》の空のあたりに、(こちらから見ていると)音もなく、たれ下がる火の幕《まく》。花火みたいに美しく無気味《ぶきみ》な美しさをもつ死の火の雨だった。空襲警報《くうしゅうけいほう》もきくことなしに、ラジオ(なかったから)のニュースのあのおどかしめいた〝情報《じょうほう》〟なしに見た空襲《くうしゅう》の火だっただけに、三人それぞれに異様《いよう》な衝撃《しょうげき》を受けていた。

おふくろさんは、道ばたの岩に腰《こし》をおろし、

——また、きやはった、もうかなわん。ここらにもきよるのンとちゃうやろかなあ……。

お経《きょう》でも読むみたいにくり返しつぶやいていた。

——そんなン、あるはずないわ。ここらには爆撃《ばくげき》目標があらへンやないか。

空襲警報《くうしゅうけいほう》
敵《てき》の航空機《こうくうき》が近づいてきていることを知らせるサイレン

爆撃目標《ばくげきもくひょう》
はじめは、工場や倉庫、軍の関係施設《しせつ》など、破壊《はかい》することによって軍の力を弱くできる場所が目標としてねらわれた。のち、民家や一般《いっぱん》市民も爆撃《ばくげき》の対象《たいしょう》となった

兄貴《あにき》が慰《なぐさ》め——というより本気で説明したが、おふくろさんはそのとき決心していたのだ。もっと遠くへ逃《に》げること、そうや、同じあんな目にも一度あって死ぬのンやったら、せめて生まれ故郷《こきょう》の町へ帰ってそうなりたいもンや……。あのときはナンバの駅かて焼かれたさかい、行きようがなかったけど、こうなったらほうてでも行きたい——とおふくろさんは決心していたのだった……。

翌朝《よくあさ》、おふくろさんは、そこを引払《ひきはら》って紀北《きほく》の橋本《はしもと》へ行くと宣言《せんげん》した。そこには生家もあり親戚《しんせき》もある。何よりも伯父《おじ》さんの広い別荘《べっそう》があるさかい、いざというときは隠《かく》れられるさかい……。それに、裏《うら》の山には墓《はか》がおますやろ……。

そこまでいわれておふくろさんの真意《しんい》を察せられない兄貴《あにき》でもなかった。おかあちゃんの好《す》きなようにしたらええわ、ほな、行こ——ぽかんとしているわたしをうながし、さっさと仏壇《ぶつだん》をしまいはじめた。

3

何度電車をのりついだことか。線路を歩き、焼け跡《あと》を歩き、電車が動くのを待ったことか。結局大まわりの汽車も使って、なんとか、それこそはうようにして橋本に着いた。それはわたしにとって、いちばん長い遠足であり、それに耐《た》えたことは、奇妙《きみょう》な親孝行《おやこうこう》でもあった……。

町は無事《ぶじ》だった。

駅前の坂道の真正面《ましょうめん》に、おっとりのんびりひろがって見える山脈《やまなみ》のみどりは、赤茶けた焼け跡《あと》を見てきた目には、おそろしく美しく映《うつ》った。紀《き》の川《かわ》は昔どおりに流れ、町の人たちの歩きっぷりも、いくさヌキみたいに、のんびりおっとりしたものだった。仏壇《ぶつだん》を背負《せお》い、わずかばかりの手荷物をしっかりもった母子三人組の緊張《きんちょう》しきった顔は、そんな町や風景に似合《にあ》わなかった。おふくろさんは、夜逃《よに》げでもしてきたみたいに、足早に横丁に曲がって伯父《おじ》の別荘《べっそう》にむかった。

別荘《べっそう》もかわらずに在《あ》った。

別荘守《べっそうも》りのじさま夫婦《ふうふ》は、わたしたちの無事を喜《よろこ》んで涙《なみだ》を流してくれた。

しかし、伯父《おじ》たちはじめ、当然ここへくるはずの親戚《しんせき》はだれ一人来ていなくて、おふくろさんに新しい心配の種子《たね》をまいた。種子《たね》はすぐに芽をだしふくらんで葉をひろげ茎《くき》をのばし、おふくろさんの胸《むね》に不安の青い花をいくつも咲《さ》かせた。

じさま夫婦《ふうふ》は、のろのろしずかにわたしたちの世話をしてくれた。その日の風呂《ふろ》くらいやさしくあたたかく、湯ぶねの木の香《か》がいいにおいだったことはなかった。

——あがらしたら、古いもんやが、寝巻《ねまき》に着がえるんやして。足のばしてゆっくり寝《ね》るんやして……。

ばさまがいってくれたのが、やさしい子守歌のようにきこえた。——

わたしたちは、いくさがないみたいに、ゆっくりと眠《ねむ》った。——

親戚《しんせき》がやってきたのは翌日《よくじつ》のことだった。親戚《しんせき》はやってきすぎた。庭に充分《じゅうぶん》な広さをとり、家のほうは伯父夫婦《おじふうふ》が夏じゅうゆっくりできるだけのぜいたくな造《つく》りの別荘《べっそう》には、親戚《しんせき》は多すぎた。おまけに伯父《おじ》が世話している女の人が四人もやってきた！

わたしたちもふくめて、一同を町に散らすほかなかった。伯父《おじ》はこの町の「顔」らしく歩きまわって、一日で決着《けっちゃく》をつけてきた。わたしたち三人は町の銀行頭取《とうどり》の離《はな》れを借りることができた。こけし人形みたいにおとなしく色白な女の子がいて、わたしはひそかに喜《よろこ》んだ。いくさと空襲《くう》《しゅう》がなければ、この子と同じ屋根の下で暮《く》らすことはできなかった……。不幸中の小さな幸いだった……。

＊

だが、おふくろさんのいくさは、新しく始まったばかりだった。食べ物を自給自足しなければならなかった。墓地《ぼち》の下の土地を耕《たがや》し、いっさいを耳学問《みみがくもん》だけで百姓仕事《ひゃくしょうしごと》をしなければならなかった。肥料《ひりょう》（むろん人《じん》糞肥料《ぷんひりょう》）だって、出来のいい農家のものを分けてもらう約束《やくそく》をするために「みつぎもの」が必要だった。本来は米や麦と代えるはずの「疎開《そかい》の品」――父の洋服や着物がそのために使われた。町の裏道坂道《うらみちさかみち》をとおって、肥《こえ》たんごをかついで、おふくろさんは毎日働かねばならなかった。昔、大阪にでて、「街《まち》の者《もん》」とええ結婚《けっこん》をしたと、うらやましがられたおふくろさんは、今は逆《ぎゃく》の目で見る昔なじみの視線《しせん》の一斉射撃《いっせいしゃげき》に耐《た》えて、毎日そんな「いくさ」をつづけねばならなかった。たんごの片方《かたほう》は兄貴《あにき》がかついだ。わたしでは小さすぎてバランスがくずれるのである。

そんな町をも敵機《てっき》は襲撃《しゅうげき》した。この攻撃《こうげき》は空襲《くうしゅう》よりこわかった。一度は駅のガソリンをつんだ貨車《かしゃ》、一度は川で泳いでいたわたし……。

そんな町にもやくざはちゃんといて、兄貴《あにき》が、もう少しのところで、そうしたおあにいさんの一人に刺《さ》されるところだった。そうしたこわさ

肥《こえ》たんご
肥料《ひりょう》にする糞尿《ふんにょう》をいれて運ぶ桶《おけ》。天秤棒《てんびんぼう》と呼《よ》ばれる肩《かた》にかつぐ棒《ぼう》の前後につるして運んだ。肥担《こえた》桶《ご》、肥桶《こえおけ》ともいう

おあにいさん
職人《しょくにん》、やくざなどの、力がある者や年上の男性《だんせい》。兄貴分《あにきぶん》

を「共有」してくれたのは、おふくろさんであり、おふくろさんのいくさはそんなぐあいにいろいろとひろがりつづいていくのだった。そのいくさのすべてと、いくさに参加したわたしども兄弟のとんちんかんな「たたかいっぷり」を伝えるには一冊《さつ》の本を書かねばおさまらない。

（そして、実際《じっさい》、わたしはそのための一冊《さつ》を準備《じゅんび》している……）

いなか町に生まれ、大阪に出て働き、そこで一人の商人《あきんど》に恋《こい》され恋《こい》して結婚《けっこん》した若《わか》い日のおふくろさんは、当時としてはなかなかのおてんばさんだった。母親になり、日本がいくさにまきこまれていくにつれ、おふくろさんからおてんばぶりは消えてゆき――夫《おっと》の死と新しい戦争の始まりは、そいつを窒息《ちっそく》させた。おふくろさんの中におてんばさんが復活《ふっかつ》したのは、おふくろさんが「いくさ」で戦わねばならなくなってからだ。

そしてこの短章はそんなおふくろさんの出発までの短いスケッチであり、同時に、あのいくさのある日々《ひび》の小さなスケッチでもある……。

そのための一冊《さつ》　自身の体験をもとに書いた『ぼんぼん』『兄貴《あにき》』『おれたちのおふくろ』『牧歌』（ともに理論社《りろんしゃ》）四部作がある

おににかった
みーさいな
梶山俊夫
戦争がはげしくなったので
東京からいもうとと二人で
いなかのおじさんの家に
そかいしました
田んぼのなかをはしりました
とおもいながら
ぼくはだそで
でかいくちで
どこそにげるもんか
こんこん
でかいでかいなまずをつかまえたら
バケツのなかのかえるやどじょうをなげながらはしりました
イヤイナ
そんかいっぺ
おんなといっしょだっぺへえ
まっしろい道をおいかけてくる

やっとはじめて
なまずを手で
つかまえました
ふるいくいの
おくに手をのばして
とおい町の国民学校にかよいました
町の入口でこどもたちが
毎日せきしょをつくってまっていました
ひっかかれ
こすりつけられて
からせきしょ
をとおりました
ぜったいに
なきません
かつまではと
はなをふくらませて
じゅもんを
となえ
ました
太い
太い
やつを
やっと
つかまえ
ました
いなかっぺに
みせて
やっぺえ
ぼく
はもう
からだいっぱい
ぬるぬるになりました

昭和二十ねん八月十日
夕方のムギわらで
おおすけ人形をつくって村はずれまでこうしんしました
ぼくもいっしょにかついでかけていきました
おーかしまのおーすけ
おにかったみーさいな
となり村のこどもたちとたたきあってから
ぼんぼん火をつけてもしました
この火にあたるとしりにおできができないのです
この五日ごに日本が戦争にまけるなんて

イヤーイ
えかしーっぺえ
ぼくは
竹ざおを
しっかり
にぎって
はしりました
そしてこれが
さいごのぼくらの
おおすけ人形に
なるなんて
ちっとも
しりませんでした
ぼくのかいたおおすけの目玉が
夜ぞらのなかで
きょろきょろ
ひかりました

お母さんお天氣《てんき》ですか

谷真介《たにしんすけ》・文
赤坂三好《あかさかみよし》・画

昭和十九年夏、ぼくは東京都品川区《しながわく》大崎《おおさき》第一日野《ひの》国民学校の一生徒として、都下《とか》西多摩郡《にしたまぐん》増戸村《ますこむら》へ疎開《そかい》をした。当時ぼくは学童疎開組《がくどうそかいぐみ》の最少学年の三年生であった。三年生は「まだ小さいから」という理由で、最高学年の六年生の一クラスといっしょであった。

集団学童疎開《しゅうだんがくどうそかい》の主旨《しゅし》は、「次の日本をになう大切なお国の宝《たから》ものである子どもたちを戦火から守るため」であった。いなかに縁故《えんこ》のない都会の小学生は強制的《きょうせいてき》に全員参加させられた。

「お国の宝《たから》もの」は、本当に大切にされたのだろうか。子どもたちはみんなやせ細って飢《う》えていた。

国民学校

昭和十六（一九四一）年、国民学校令《こくみんがっこうれい》によってそれまでの尋常《じんじょう》小学校と高等小学校は「国民学校」と変わり、初等科六年と高等科二年の八年制《ねんせい》となった。学習内容《ないよう》や学校行事なども戦争にかかわることが多くなった

破《やぶ》れた夢《ゆめ》

――学校の校庭に集合して、最少学年の三年生のぼくたちから駅へむかって歩きだしたのは、夏のまだ薄暗《うすぐら》い夜明けのこと、西の空のすみに魚の白骨体《はっこつたい》を思わせる白い雲が、わずかに残っていた。

出発がはじまったというのに、校庭ではまださまざまなことが起こっていた。

泣《な》き叫《さけ》んでいるもの、リュックをたたきつけて地だんだをふんでいるもの、鼻血を出して新聞紙の上に寝《ね》かされているもの、母親に追いかけられて校庭を逃《に》げまわっているもの……。

ぼくは母にいわれたことを信じていた。

「川がすぐ近くにあるというから、そこで泳いだり釣《つ》りをして遊んでいればいいのよ。すぐに迎《むか》えにいくからね。」

東京生《うま》れのぼくは、父がよく釣《つ》りにつれていってくれた川に大きな夢《ゆめ》

疎開《そかい》 空襲《くうしゅう》からのがれるために、安全な地方の農村などに移《うつ》り住むこと。学童疎開《そかい》（集団疎開《そかい》）は、子どもだけが親元から離《はな》れて学校単位で行った政策《せいさく》

縁故《えんこ》 親戚《しんせき》や特別な関《かか》わりのあるつながり

をたくしていた。ぼくは、母がむかえにきたら、びっくりさせてやろうと思っていた——まっ黒になって、じょうずに泳いでいるところを見せてやるからな——

ぼくはたのしかった。夏休みの避暑《ひしょ》に出かけるようなはずんだ気持で校門を出た。

しかし、ぼくの夢《ゆめ》は最初から破《やぶ》れた。

疎開先《そかいさき》の村に着いた翌日《よくじつ》、寮《りょう》の裏《うら》の林をぬけた崖下《がけした》の川で上級生が黄色い唾液《だえき》を吐《は》いて水死し、川に行くことはたちまち禁止《きんし》されてしまった。

それから二か月もたたないうちに、また新しい犠牲者《ぎせいしゃ》が出た。こんどは隣村《となりむら》の寺に収容《しゅうよう》されていた級友の兄さんがＰ51の機銃掃射《きじゅうそうしゃ》で頭を吹《ふ》きとばされたというのだ。

事件《じけん》を報《しら》せにきた二人の伝令をかこんで、上級生がそのてんまつを聞きだしていた。

「Ｐ公は庭に干《ほ》してあった赤いふとんをねらったんだ。それがはずれて

Ｐ51
アメリカ空軍の戦闘機《せんとうき》。マスタング（ムスタング）とも呼《よ》ばれた

機銃掃射《きじゅうそうしゃ》
戦闘機《せんとうき》についている機関《きかん》銃《じゅう》で敵《てき》をなぎ払《はら》うように射撃《しゃげき》すること

伝令
命令を伝えること。また、その担当

弾《たま》は本堂前《ほんどうまえ》のガラス戸をぶちぬき、ふとんから首を出していたあいつがやられたんだ。床《ゆか》の上に血がどくどく流れて……」

級友の兄は即死《そくし》だった。その日、空に残った飛行機雲は、日が落ちても消えなかった。暮《く》れていく空の面を、飛行機雲は悪魔《あくま》の手のようにぶよぶよといつまでもふくらんでいた。

はなればなれ

ぼくは街道《かいどう》に面した村の村民会館、あとからきた弟は梅林のある村外《むらはず》れの大きな寺、そして兄は山を二つ越《こ》えた隣村《となりむら》の寺というように、学年がちがうのでぼくたち〝年子《としご》〟の兄弟は、最初別々《べつべつ》のところへ収容《しゅうよう》されていた。父は前の年の昭和十八年に出征《しゅっせい》し、すでに中国大陸の戦線に赴《おもむ》いていたので、東京の家には母と一番下の生まれたばかりの弟が残った。面会にくるとき、母は近所の家に弟を預《あず》け、背中《せなか》と両手に運べるだけの荷物やみやげ物をかかえて、ぼくたちのところへやってきた。ぼくのところへくるのは、いつもあたりが薄暗《うすぐら》くなった夕刻《ゆうこく》であった。そして母は、いつも帰りの列車の時刻《じこく》を気にしながら、そそくさと夕闇《ゆうやみ》のなかへ消えていった。

「これでも、家を出たのは暗いうちなんだよ。朝の一番電車に乗ってくるんだけど、なにしろまわるところが三軒《げん》だからね。もう少しのがまんだよ。戦争が終われば、またみんなでいっしょに暮《く》らせるんだからね……」

最後のぼくのところへくるまで、小柄《こがら》な母が山を越《こ》えてどれほどの道のりを歩きつづけてくるのか、ぼくは兄や弟に会いにいったことがあるので知っていたが、久《ひさ》しぶりに面会にきた母を、少しでも長く引きとめようとすると、母はそういってぼくをさとすのであった。

しかし、母はぼくたちを学童疎開《がくどうそかい》に送り出すときから、一家離散《りさん》を覚《かく》悟《ご》していたのだ。行李《こうり》一個《こ》、ふとん一組という持物《もちもの》の制限《せいげん》をはるかに越《こ》

行李《こうり》 衣類や旅行用の荷物をいれるふた付きの箱。竹や柳《やなぎ》で編《あ》んで作った

えて、ぼくたち兄弟が三個《こ》ずつの行李《こうり》に身のまわりのものをつめ込《こ》んで持っていったのも、その覚悟《かくご》が母にあったからであろう。

「……それからこれはね、もし母さんが空襲《くうしゅう》でやられ、おまえたちがちりぢりになったら、この袋《ふくろ》にはいったこの通帳とはんこを持って坂の下の銀行へいくんだよ。そしたらお金がもらえるからね。お守りといっしょに大切にしておくんだよ。」

あるとき、面会にきた母はそういって、ぼくの前に真新しい通帳と木のはんこを出した。その銀行の通帳には、「五〇、〇〇」（五十円）という金額《きんがく》が記入されていた。

ドングリ拾《ひろ》い

「食べるものに困《こま》っていらっしゃる東京のお母さんや、小さな妹、弟さんたちに送るのですから、一個《こ》でも多く拾《ひろ》ってください。」

村の小学生たちと合同で、これから弁天山《べんてんやま》へドングリ拾《ひろ》いにいくと先生にいわれたとき、ぼくはびっくりして、先生にたずねた。

「先生。ドングリを食べると、どもりになるんじゃないですか？」

すると先生は、

「そんなことは迷信《めいしん》だ。シブさえぬけばドングリだって食べられる。」

といった。

先生の話を聞いても、ぼくの不安は消えなかった。ぐらぐらゆれる村はずれのつり橋を渡《わた》っていると、その不安はますますつのり、吐《は》く息さえ重苦しくなってくるのであった。

やがて弁天山《べんてんやま》に到着《とうちゃく》し、雑木林《ぞうきばやし》のなかでドングリ拾《ひろ》いがはじまったが、棒《ぼう》の先で落葉をかきまわしながら、ぼくはお尻《しり》が黒く腐《くさ》っているやつや、まだ青いやつ、かっこうの悪いやつは拾《ひろ》わないように注意をした。そういうドングリを食べると、母たちがよけいひどいどもりになるような気がしたからだ。

どもり
言葉がつまる、くり返してしまうなど、なめらかに話すことができない状態《じょうたい》。吃音《きつおん》。かつては「どもりはうつる」など科学的根拠《こんきょ》のないことも言われ、障害《しょうがい》という認識《にんしき》がなかった。差別的な意味合いをこめて使われていた言葉で、現在《げんざい》はあまり使用しない

迷信《めいしん》
根拠《こんきょ》がなく道理にあわない言い伝えなどを信じること

しばらくすると、なにに　おどろいたのか、山じゅうのカラスが一度に空に舞《ま》いあがり、ものすごい声で鳴きわめいた。

「ドングリを食べなければならないなんて……」

ぼくはカラスたちの鳴き声に不吉《ふきつ》なものを感じて空を見つめた。すると、カラスの群れが舞《ま》っている青い空のなかに、母と小さな弟の顔が浮《う》かびあがってきた。

母と弟はドングリをかじりながら、くちびるを激《はげ》しくけいれんさせて、動物園のオリの中で見たサルのようにキィキィと奇妙《きみょう》な声を発しながら、わけのわからないことばで話し合っていた。

——母たちは、ほんとうにあのドングリを食べたのだろうか？

五月二十四日深夜

「みんな、起きなさい。起きるのよ。先生の命令です。早く起きて庭へ出なさい！」

ぐっすり寝込《ねこ》んでいたので、何時頃《ごろ》かわからない。ぼくはもう朝になったのかと思いながらとび起きた。すると寮母《りょうぼ》さんが懐中電灯《かいちゅうでんとう》をふりまわしながら廊下《ろうか》を走っていた。

お寺の上空でB29の重い爆音《ばくおん》が聞こえていた。「空襲警報《くうしゅうけいほう》」の発令で夜中にまた裏山《うらやま》へ避難《ひなん》するのかと思ったが、遠くで聞こえる村の半鐘《はんしょう》は、ゆっくりと「警報解除《けいほうかいじょ》」の鐘《かね》を鳴らしていた。

「ねまきのままでいいのよ。防空頭巾《ぼうくうずきん》もいらないわよ。寒くないように洋服をひっかけて、早く庭に出なさい！」

「なんですか？　空襲《くうしゅう》じゃないんですか？」

女子の部屋からもどってきた寮母《りょうぼ》さんに、だれかがたずねた。しかし寮母《りょうぼ》さんは「早く、早く」とせかせるだけで、理由を教えてくれない。

そのうちに本堂《ほんどう》の前のガラス戸がいせいよく開かれて、ばたばたと黒い影《かげ》が庭へとび出していった。ぼくもねまきのままあとにつづいた。

B29
アメリカ軍の爆撃機《ばくげきき》。高い所を飛び、日本の飛行機では追いつけなかった

空襲警報《くうしゅうけいほう》
敵《てき》の航空機《こうくうき》が近づいてきていることを知らせるサイレン

半鐘《はんしょう》
小型のつり鐘《がね》。火事がおこったときに鳴らして人びとに知らせた

防空頭巾《ぼうくうずきん》
現在《げんざい》の防災頭巾《ぼうさいずきん》のように布《ぬの》の内側に綿《わた》などが詰《つ》められた、頭を守るためのかぶりもの

遠い東の空がまっ赤に染《そ》まっていた。

地平線の上に、幅《はば》の広い赤い帯を一本張《は》りめぐらせたように、東の空がまっ赤に燃《も》えていた。

「ほら、見なさい。東京が燃《も》えているのよ。みんなの学校や家のある東京が火に包まれているのよ。東京が燃《も》えているのよ。よく見ておきなさい。よく覚えておいて、きっと敵《てき》に仕返しをしてやるのよ………」

暗闇《くらやみ》のなかで、寮母《りょうぼ》さんは同じことを何度もいいつづけた。

赤い帯のなかで、ときどき花火の閃光《せんこう》のように黄色い火花が炸裂《さくれつ》する。火は天をこがしているのに、物音はなにも聞こえない。

ぼくはふるえていた。歯をガチガチと鳴らしながら、じっと東の空を見つめていた。その夜――、昭和二十年五月二十四日深夜、赤い帯のなかでぼくたちの街《まち》は全壊《ぜんかい》したのだ。

“ミッケー”の歌

Ｐ51の機銃掃射《きじゅうそうしゃ》を受けた寮《りょう》から、弟がいる寺へ移《うつ》されたとき、ぼくは四年生になっていた。

山間《やまあい》の寺に移《うつ》ってからは勉強時間というものはなく、ほとんどが自由な遊び時間であった。

だが、どこで遊べというのだろう。

寺の木に登ることも、鐘楼《しょうろう》に登ることも、裏山《うらやま》に入ることも、墓地《ぼち》のなかをかけまわることも禁《きん》じられ、ぼくたちはありあまる自由時間を寺の境内《けいだい》で静かに遊ぶことを命じられていた。

ぼくは、虫を捕《と》らえた。動きまわっている虫、植木の葉の裏《うら》にかくれている虫たちを見つけては、そいつを片《かた》っぱしから捕《と》らえて、炊事場《すいじば》の裏《うら》でさがしたりクスリびんのなかにつめ込《こ》んだ。

——なんのために？

鐘楼《しょうろう》

寺院などにある鐘《かね》をつりさげて鳴らすための建物

それはわからない。殺《ころ》すためでなかったことだけはたしかだが、あくる朝、虫たちは水色のびんの底でゴミのように重なって死んでいた。

ほとんどの遊びは禁《きん》じられていたが、うたう歌には、ことかかなかった。

軍歌、かえ歌、童謡《どうよう》と、だれかがうたいだすと、不思議《ふしぎ》とその歌はまわりのものに唱和《しょうわ》され、あの歌、この歌と歌はいくつも数珠玉《じゅずだま》のようにつながって、とまらなくなる。寺の長い縁側《えんがわ》に腰《こし》をかけて一列に並《なら》び、足をぶらぶらさせながら、ぼくたちはよく歌をうたった。

戦争中におぼえた歌は、もうほとんど忘《わす》れてしまったが、そのなかでただひとつ、下級生の〝ミッケー〟がいつも小さな声で口ずさんでいた奇妙《きみょう》な歌を、ぼくはいまでも思い出す。

ボクハ　軍人大キライ
今ニ小サクナッタナラ
オ母チャンニ抱《だ》カレテ

満州《まんしゅう》
現在《げんざい》の中国東北部。日本が満州《まんしゅう》事変によってつくりあげた満洲国《まんしゅうこく》は、一九三二（昭和七）年から戦争が終わる一九四五（昭和二十）年まで存在《そんざい》した

パイパイ飲ンデ
オ腹《なか》ノナカヘ　サヨウナラ……
〝ミッケー〟は満州《まんしゅう》から引揚《ひきあ》げて、あとから集団疎開《しゅうだんそかい》に加わってきたおとなしい下級生であった。

ひもじい日々《ひび》

弟のいる山間《やまあい》の寺に移《うつ》ってしばらくすると、三度の食事がお米から赤まんまの実のようなコウリャンめしにかわった。しかしおかわりはできない。あいかわらず仏《ほとけ》さまのように一膳《ぜん》めしであった。

三度の食事のほかはほとんどおやつというものがなかったので、ぼくたちは毎日空腹《くうふく》をかかえて口に入るものを物色《ぶっしょく》していた。先生や寮母《りょうぼ》さんの目をぬすんで、畑の生いもをかじったり、胃《い》のクスリをほうばったり、満腹《まんぷく》になるまで清水《しみず》を飲んだ。蜂《はち》のまねをして、片《かた》っぱしから境内《けいだい》

引揚《ひきあ》げ
日本の敗戦による日本人の帰国。当時は六〇〇万人以上の軍人や民間人が満州《まんしゅう》や韓国《かんこく》、東南アジアなど海外にいた。帰国は簡単《かんたん》なことではなく、財《ざい》産《さん》を手放し、汽車や船も足りず、病気にかかったり盗難《とうなん》の被害《ひがい》にあうなど大変な苦労をした

コウリャン
コーリャン、ソルガムとも呼《よ》ぶ。中国の東北地方などで栽培《さいばい》されているイネ科の穀物《こくもつ》。はじめは馬のえさなどとして輸入《ゆにゅう》されていたが、食べ物が不足してくると米の代わりに食べるようになった

の草木の花をつまみ、その蜜《みつ》を吸《す》って和尚《おしょう》さんからしかられたこともあった。

村びとが地蔵《じぞう》さまに供《そな》える一膳《ぜん》めしも、ぼくたちの食べ物のひとつであった。どうせカラスがついばんでしまうのなら、ぼくたちで山分けをしたほうがいいと考えた。ぼくたちは見張《みは》りを立て、先生や村びとたちに気づかれないように、よく地蔵《じぞう》さまの供物《くもつ》をかすめた。

そのころ、ぼくはせっせと母へ葉書を書きだした。葉書の文句《もんく》はいつも同じであった。

〝お母さんお天氣《てんき》ですか。ぼくも天氣《てんき》です。こんどくるとき持ってきてもらいたい物は……〟

あとは食べ物の名前ばかりがいくつもつづき、字が書けなくなったところで、〝さようなら〟。

ある日、面会にきた母はぼくにいった。

「おまえの手紙は、なんなの。食べ物ばかりはいいけど、〝お母さんお

天氣《てんき》ですか。ぼくも天氣《てんき》です〃なんていうあいさつが、どこにあるの？おまえの元という字はみんな天に見えるわよ。こんどから字はきちんと書きなさい。」

文字のことなどは、どうでもよかった。ぼくは口に入るものを待っていた。だが、母が持ってきてくれた大好物《だいこうぶつ》の大豆《だいず》のベッコウ煮《に》や手製《てせい》のビスケットは、「おいしそうね。あとでみんなで分けて食べましょうね」と、寮母《りょうぼ》さんが預《あず》かってくれたにもかかわらず、いったいどこに消えてしまったのだろう。ある夜、先生の部屋から笑《わら》い声が聞こえるのでぼくは仲間といっしょにねまきのまま庭へ出て、植込《うえこ》みのなかからそっと先生の部屋をうかがった。そしてぼくは、この目ではっきりと見た。先生と寮母《りょうぼ》さんが明るい電灯《でんとう》の下でお茶を飲みながら、ぼくたちのお菓子《かし》をおいしそうに食べているのを。

ねしょんべん

村民会館もそうだったが、山間《やまあい》の寺も最後に移《うつ》された川のほとりの寺でも、便所はみな屋外《おくがい》にあった。とくに山間《やまあい》の寺では本堂《ほんどう》の前を横切って長い廊下《ろうか》を歩き、突《つ》き当《あた》りの重い引戸を引いて屋外《おくがい》に出、さらに渡《わた》り廊下《ろうか》を渡《わた》ってわざわざ墓石《はかいし》が見えるところに三つ並《なら》んで便所がつくられていた。

七時の消燈時間《しょうとうじかん》がくると、空襲《くうしゅう》はなくとも寺のなかは完全に闇《やみ》になってしまう。

夜ふけに便所へいきたくなるときが、一番こわいときであった。がまんをかさねても、どうにもならなくなると、「便所へいくぞ」と声を出すのだ。するとたいてい四、五人の仲間の声が返ってくる。そしてお互《たが》いの声をたよりに互《たが》いに身体がぴったり寄《よ》りそうのを待って、かたまっ

たまま、まっ暗な長い廊下《ろうか》を歩いていくのだが、突《つ》き当《あた》りの重い引戸のむこう側には、いつも一つ目の化け物がべろんと赤い長い舌《した》を出して立っているような気がして、ぼくはどうしてもひとりで便所へはいけなかった。

ほんとうのことをいえば、夜ふけに便所へいくより、ぼくはおねしょのほうがはるかに得意《とくい》であった。

しかし、夜ふけに目をさましてパンツがぬれていても、ぼくは少しもおどろかなかった。あわてもしなかった。枕《まくら》や掛《か》けぶとんを、しっかりとまたの間にはさんでおけば、パンツのほうは朝まではすっかりかわいてくれるし、敷《し》きぶとんのほうは、裏返《うらがえ》しにすればいい。一番気をつけなければならないのは、隣《となり》のものに気づかれないように、ねぼけたふりをしながらやることだ。

何度もこうしてかわかしているうちに、いよいよパンツからアンモニアのにおいがただよいはじめたら、どうするか。そのときは裏山《うらやま》の草むらのなかへパンツを投げすてればよい。そんなものを洗《せん》たくに出せば、きまって寮母《りょうぼ》さんの目にとまり、みんなの前で小言《こごと》をいわれてはじをかくことになるからである。

焼け野原の街《まち》

いつもかげろうのゆれている村の道は、風が吹《ふ》くと目をあけていられないほど、赤土が舞《ま》いあがっていた。春さき、道に面した家々《いえいえ》の生垣《いけがき》はほこりにまぶされて土塀《どべい》にかわり、軒《のき》の低い家々《いえいえ》の窓《まど》は空《あ》き家《や》のようにいつも障子《しょうじ》の戸が閉《し》まっていた。

ぼくたちが東京へ帰ることになった日も、朝からほこりのひどい日であった。赤土の舞《ま》いあがった空は、飛行機雲や弾雲《だんうん》がひろがった空襲《くうしゅう》の日の空のようによごれていた。目をつぶると、風とうねりのすきまから、まだB29の編隊《へんたい》の爆音《ばくおん》が聞こえてくるような気がした。

ぼくは、駅へ通じる長い道を歩きながら、ほこりのなかに見えかくれする村をふり返っていた。

「これがほんとうの見おさめだぞ。どんなことがあっても、もう二度とこんなところへはこないし、もうふりむかないからな……」

そう自分にいい聞かせながら、ぼくは何度、寺の屋根を、半鐘《はんしょう》のある火の見やぐらを、村の学校の赤い屋根を、森を、ふり返っていたことか。

ぼくたちが、ウシかブタかなんぞのように、せまい貨車《かしゃ》のなかに押《お》し込《こ》まれて村をあとにし、なつかしい東京へもどってきたのは戦争の終わった次の年、昭和二十一年の春のことであった。

ぼくたちは高台の駅の、ホームだけ残ったその先端《せんたん》に立って、しばらくふるさとの街《まち》を見つめていた。

瓦礫《がれき》のすみに虫のようにへばりついている焼けトタンの小屋から、いくつもの夕餉《ゆうげ》の煙《けむり》が空に昇《のぼ》っていた。途中《とちゅう》で消えているビルの階段《かいだん》や、くずれかけた壁《かべ》。折れ曲がった鉄骨《てっこつ》。ふるさとの街《まち》は、見渡《みわた》すかぎりの

焼けトタンの小屋
空襲《くうしゅう》で焼け残ったトタンや木材でつくった粗末《そまつ》な小屋。バラック

夕餉《ゆうげ》
夕ごはん

焼け野原で、焼けぼっくいのような電信柱ばかりがやたらと目についた。

目の前に、いったいどんな街《まち》があったのか。

ぼくは頭のなかにあるふるさとの街《まち》の地図を何枚《まい》もめくった。だが、ほとんど思い出せない。この焼け野原をぼくたちの遊んだ元の街《まち》に復興《ふっこう》するにはどうしたらいいのだろう。街《まち》はまだうつろで、夢《ゆめ》でも見ているように静まりかえっていた。

焼けぼっくい
いちど焼けた木の杭《くい》。火が消えたように見えても、また燃《も》えだすことがあるので、すぐ元にもどることにもたとえられる

たべもののうらみ

田畑精一《たばたせいいち》

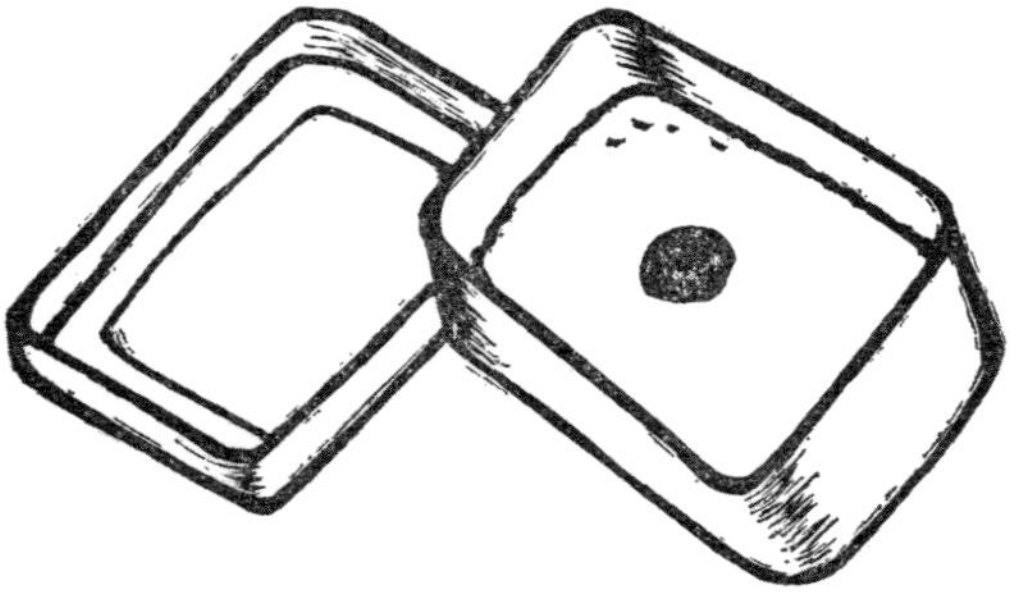

●ヒノマル弁当《べんとう》

戦争が始まったころは、まだよかった。

毎月一日と十五日に、戦地の兵隊さんの苦労をしのんで、ヒノマル弁当《べんとう》をたべることになった。

つまり白いごはんにおかずが梅干《うめぼし》一個《こ》、というわけだが、母親たちは、そっと〝しらす干《ぼし》〟をごはんの間にはさんだりした。

●アブラムシ

やがてB29の空襲《くうしゅう》がひんぱんになり、中学にいくころには食物がなくなった。主食が大豆《だいず》になり、やがて大豆《だいず》かすになった。道路もたがやされ畑になった。

学校では、体操《たいそう》や生物の時間が農作業に化け、運動場の半分は畑になった。町じゅう歩いて馬糞《ばふん》や牛糞《ぎゅうふん》を集めろ！　と命じたのは生物の教《きょう》師《し》――アブラムシだった。そしてできた〝サツマイモ〟や〝カボチャ〟を、ぜんぶ教師《きょうし》が持ってかえった。

B29　アメリカ軍の爆撃機《ばくげきき》。高い所を飛び、日本の飛行機では追いつけなかった

大豆《だい》かす　油をしぼりとったあとの大豆《だいず》をくだいたもの。しょうゆなどに加工されるほか、動物のえさにもなる

●空《から》のリュック

戦争の終わる年の一月に、父が死んだ。葬式《そうしき》の日、一日じゅう飛行機雲がとんだ。

とうとう食物がなくなって、母と二人で和歌山の親類までもらいにいった。敵機襲来《てききしゅうらい》で汽車はいくどもとまり、やっと帰ってきた天王寺《てんのうじ》の駅のうす暗い通路で、待ちかまえていた警察官《けいさつかん》と自警団員《じけいだんいん》が、ぼくたちのリュックをひったくった。

空《から》のリュックが「非国民《ひこくみん》！」ということばといっしょにつき返され、家につくまで二人とも泣《な》いた。あの〝ジャガイモ〟や〝ナス〟は、いったいだれがたべたんだろう。

自警団《じけいだん》
非常時《ひじょうじ》にみずからを守るために住民が結成した団《だん》体《たい》

非国民《ひこくみん》
国民としての義務《ぎむ》や本分に違反《いはん》する者。軍や国策《こくさく》に対して非協力的《ひきょうりょくてき》な者を非難《ひなん》する言葉

●憲兵隊長《けんぺいたいちょう》の家

空襲《くうしゅう》で校舎《こうしゃ》を焼かれ、三度引《ひ》っ越《こ》した。もう授業《じゅぎょう》はなかった。ぼくたち中学二年生は、憲兵《けんぺい》小隊が使う家を一軒《けん》、土の中に埋《う》める仕事をやらされた。本土決戦にそなえて、ということだった。毎日上半身ハダカで鍬《くわ》をふり、モッコを担《かつ》いだのは、実のところ、昼休みにくばられる小さい一個《こ》のパンが、どうしてもたべたいためだった。それはムシパンと呼《よ》ばれた。蒸《む》しパンではない。パンを割《わ》ると、きまって虫の死がいが出てきたのだ。憲兵隊《けんぺいたい》の隊長は、ぼくの家のすぐそばに住んでいた。そこにいけば、白米もバターも砂糖《さとう》も、なんでもあるという話だった。

こんなわけで、やせて骨《ほね》ばかりで、それでも情熱的《じょうねつてき》に国家のために死のうと思っていた中学生は、たべもののうらみだけ腹《はら》いっぱいたべて、焼《や》け跡《あと》におっぽり出された。

憲兵《けんぺい》
軍の警察《けいさつ》をつかさどる陸軍の兵。しだいに権限《けんげん》が大きくなり、民間人の思想取り締《し》まりも行うようになった

モッコ
縄や竹を編《あ》んでつくった土砂《どしゃ》などを運ぶ道具。四角い網《あみ》の四隅《よすみ》に、輪になった縄をつけ、それをつって持ち上げる

受けた教育のことから

三木卓《みきたく》

わたしは一九三五年に生まれました。生まれる四年前に満州事変《まんしゅうじへん》があり、六年後にアメリカとの戦争がはじまりました。戦争が全部終わったのは一九四五年ですから、生まれてから十歳《さい》まで、戦争にどっぷりとつかりこんでいた、ということになります。

ですから、国と国が争い、おたがいに人を殺《ころ》しあっている、ということを、特別《とくべつ》なことだ、と思うことはできませんでした。だってそうでしょう。生まれおちたときからずっと戦争だったのです。わたしたちの日本に手むかいするわるい国のやつらと、早く大きくなってたたかいたいと思うばかりで、そういうことが、いったいどういうことなのか、考

満州事変《まんしゅうじへん》
一九三一（昭和六）年、満州《まんしゅう》（現在《げんざい》の中国東北部）で起こった日本軍と中国軍との武力衝突《ぶりょくしょうとつ》。日本側が鉄道爆破《ばくは》事件《じけん》を起こしたのをきっかけに戦争が始まった。宣戦布告《せんせんふこく》なく行われた国家間の戦闘《せんとう》を事変という

えてみる、ということができませんでした。

わたしは動物がすきだったから、野良犬《のらいぬ》のめんどうを見ていたこともあります。にわとりを飼《か》っていたこともあります。今、そういう少年のころの自分をふりかえってみると、そういう動物たちのことをわたしなりに愛《あい》していた、と思います。でも、あの頃《ころ》、戦争していた相手のアメリカの人々《ひとびと》やイギリスの人々《ひとびと》のことを殺《ころ》すことは正しいことだ、と信じていました。ああいう人たちは、敵《てき》なのですし、日本人をたくさん殺《ころ》しているのですから殺《ころ》してしまってもいいのだ、それがお国につくす道なのだ、と思っていました。

そして、人間の世界というものは、そういうものなのだ、と意識《いしき》して思うこともできないで、そうして生きていました。

もし、あのまま、あと五年、戦争がつづいていたら、わたしは、どんな青年になっていただろうか、と思います。

戦争というと、わたしは、まず、そのことを思いだします。

わたしは、日本という国のため、日本人のために、よろこんで人間を殺《ころ》そうとしていたのです。それが、あたりまえで、わたしのするべきことだ、と思っていたのです。

そんなことをだれが教えてくれたのでしょうか？

学校の校長先生をはじめとする先生方です。町の人々《ひとびと》です。新聞・雑《ざっ》誌《し》・ラジオです。

わたしをとりまいているありとあらゆるものが、わたしに「そうしなさい」と教えつづけたのです。朝礼で、夜のラジオで、新聞のコラムで、この戦争を戦いぬくことこそいちばん大事なことで、わたしたち少年は、そのためにたたかって死になさい、といわれつづけたのです。

これを信じないで生きていくことはできませんでした。わたしばかりでは、もちろんありません。みんな、おとなたちも、そういう考えをうけいれて、それを自分の考えとして生きたのです。

ちょっと、おかしいとは思いませんか？　だって、人はみんな顔や指紋《しもん》がちがうように考えだってちがうはずです。戦争に賛成《さんせい》した人も、反対した人もいたはずです。

それは、もともとあるはずの戦争についてのいろいろな意見を、政治《せいじ》を握《にぎ》っているものが全部おしつぶしてしまったからなのです。とくに戦争がはじまってしまってからは、言論《げんろん》の統制《とうせい》がいっそうきびしくなりました。幼《おさな》いわたしの耳にはいってきた考えは、そういう手荒《てあら》いことを経《へ》てとどくものでしたから、そういうことになったのですし、またおとなたちはおとなたちで、心のなかで思っていることのほうを正しいと信じていても、それをいうことはできなかったのです。

どうしてそういうことになるのか、というと、それは、外国と自分の国の利害《りがい》がぶつかりあって対立しているときには、まず、自分の国のなかで、考えが統一《とういつ》されていないと困《こま》る、と、政治《せいじ》を握《にぎ》っている者たちは考えるからです。まして、そういう人々《ひとびと》にとっては、戦争をはじめてし

言論《げんろん》の統制《とうせい》
国の考えと異《こと》なることを発表することができず、内容《ないよう》が制限《せいげん》されていた。おもに新聞や出版《しゅっぱん》などのマスメディアが対象《たいしょう》だが、集会や個人の会話まで規《き》制《せい》されることもあった

まったら負けるわけにはいきません。そのためには、なおのこと国のなかの人々《ひとびと》を全部、自分たちの考え一色にぬりつぶさなければならない、というわけです。

とくに若者《わかもの》やこどもたちは、よく、しこまなければならないでしょう。若者《わかもの》たちは、実際《じっさい》に戦場でたたかううえで、役にたたせなければならない人々《ひとびと》です。こどもも、じきに若者《わかもの》のなかまいりをします。

そして、校長先生も、新聞も、ラジオも、戦争に負けたらたいへんだ、というので、政府《せいふ》や軍の人々《ひとびと》のいうとおりに協力します。反対意見はいっさいいえないようになっていますから、全体が、政府《せいふ》と軍の意見だけになってしまったのです。

わたしが、おそろしい、と思うのは、そのころ、戦争にいって敵《てき》を殺《ころ》す、ということを人々《ひとびと》は、実に楽々《らくらく》といってのけていた、ということです。敵《てき》は敵《てき》なんだから、人間ではないんだからいいんだ、という態《たい》度《ど》がどこにもあふれていました。わたしたちこどもが、それをうたがうことができるでしょうか。こどもは、まわりにいる人々《ひとびと》からしか学ぶことはできません。そして、わたしたちこどものまわりにいる人々《ひとびと》は、明治維新《めいじいしん》からこちら、外国との戦争にたずさわってきた人々《ひとびと》であり、したがって、外国の人々《ひとびと》の血を流してきた人々《ひとびと》だったのです。そして、そのことを正しいことをしてきたと信じている人々《ひとびと》でした。日清《にっしん》・日露《にちろ》をはじめとして、日本の現代《げんだい》の歴史《れきし》は、そういう者になる運命《うんめい》を人々《ひとびと》におしつけてきたのです。そして、ぼくたちも、きみたちもみな、そういう人々《ひとびと》のこどもたちなのです。

そんな気持をこめて、わたしは数年前に「夕日のなかで」という詩《し》を書いたことがあります。わたしはそのなかでこう、わたしたちのことを書きました。

おお　この一世紀《せいき》
じじいも　ひいじじいも　力をあわせて

ひとごろしをしながら　正義《せいぎ》をこどもに教えたのだ
かれらから生まれた
その金で買った　ミルクを飲んだ　ぼくら
また真《しん》に在《あ》るべき世界を見ることはできず
その直しかたを知らない
すでに　ころしあいの焔《ほのお》のなかにあり
ぼくらも　苛《さいな》み苛《さいな》まれてきたからだ
すでに神の心より遠く　むごい光をあび
一匹《ぴき》の獣《けもの》の姿《すがた》をさらしているからだ

幼《おさな》いころのわたしは、学校で教えてくれることを、必ずしも全部信じることもではありませんでした。おかしいな、と思うこともないわけではありませんでした。でも、今ふりかえって考えてみると、やっぱり、大きな枠《わく》のなかからは、すこしも出られてはいませんでした。そういうものだろうと思って、いわれるとおり信じていました。はっきり意識《いしき》できてそう思っていたわけではありませんが、つまるところ、学校で教えてくれることは、みんな正しいことだ、人間としてするべきことだと思っていました。それは、わたしが、学校は、わたしを人間としてすぐれたものにするために、教育してくれているのだと思っていたからです。つまり、わたしという人間のために教育してくれているのだ、と思っていたのです。

だから、校長先生が、「お国に命を捧《ささ》げなさい。アメリカ人やイギリス人とたたかいなさい」というのは、わたしのためにも、いってくれているのだ、と、思ったのです。

しかし、実際《じっさい》はどうであったでしょう。わたしたちこどもが、おとなたちに望まれたことは、すぐれた兵士《へいし》になることでした。女の子たちは、すぐれた兵士《へいし》になるようなこどもを生んで育てることでした。そして中学生になれば、男も女も、戦争のための武器《ぶき》をつくる工場へいって働いたり、飛行場の整備《せいび》をしたり、食糧増産《しょくりょうぞうさん》のために畑をつくらされたりしたのです。こどもたちは、国家の方針《ほうしん》どおりに育って、国家の役にたつ人間になることをまず教えこまれていたのでした。つまり、国は、こどもたちにすぐれた人殺《ひとごろ》しになることを要求していたのです。それが、そのこども自身のことを考えた教育だったでしょうか。とてもそうとは思えません。こどもたちは、まるで将棋《しょうぎ》の駒《こま》のように考えられ、あつかわれていたのです。

わたしたちは生まれて育って、学校へいって――いろいろなことを学びますが、そのもとにあることは何か、といいますと、それは〈いのち〉というもののことを大切に考えていこう、ということだ、と思います。この地球、この宇宙《うちゅう》のことを人間は知りたいと思い、いろいろなことを学んできました。まだまだ、人間が知ることのできたことは、ごくわずかなことです。しかし、わたしたちが、そうやって、〈いったいこの世界は、どのようにしてできているのだろうか〉と思い、そのできかたを学びだすと、そのなかにある数知れぬ生きものの意味を考えないではいられなくなるはずです。そして、この〈いのち〉というもののふしぎを思います。そして、〈いのち〉という、この地球にあるこのおどろくべきものに対する深い感動とおそれを感じるはずです。それは、みだりにほろぼしていいものでも、いいかげんにあつかっていいものでもありません。そして、もっともすぐれた〈いのち〉をもっている人間は、それをもっとも大切にしあいながら生きていかなければなりません。〈いのち〉を大事に考えること――わたしたちの思想《しそう》も学問も文化も、そこに根をおろし、根をはり、枝《えだ》を葉をしげらせながら育っていっているのです。

わたしたちがこどものころ、学校で教えてくれたことは、そういう、〈いのち〉へのおどろきも、おそれもないものだった、とわたしは思います。そんなことは、どうでもよくなっていました。新聞では、敵《てき》の飛行機をたくさんおとした人を撃墜王《げきついおう》などと呼《よ》んだり、たくさんの敵《てき》を斬《き》り殺《ころ》した人を三十幾人《いくにん》斬《ぎ》りの勇士《ゆうし》などといって、ほめたたえていました。

人を多く殺《ころ》した人間が、こどもたちが将来《しょうらい》なるべき理想《りそう》の人間と考えられていました。中学校の先生は、生徒たちに陸海空軍の学校へいくようにいっていました。わたしは、そういう教育をした人々《ひとびと》の心のなかを考えてみるとひどい気持になります。国家の利益《りえき》のため、それも、目先の利益《りえき》のためだけに教育をすることが、どんなに教育というものをだめにするか、ということの見本だと思います。教育がだめになるということは、教師《きょうし》の心がだめになるということであり、こどもたちの心もだめにされる、ということです。

たとえ、どんなりっぱな目的のためであっても、人を殺《ころ》した人間が、人を殺《ころ》したことによってみんながそうなるべき理想《りそう》の人間である、ということはできません。人を殺《ころ》さなければならないということは、どんな事情《じじょう》があっても、どんな場合でも、殺《ころ》されたものはもちろん、殺《ころ》したものにとっても最悪《さいあく》の不幸《ふこう》だと思います。たとえ、どんな悪い人間でも殺《ころ》してしまってかまわない人はいませんし、殺《ころ》す権利《けんり》をもっている人はいません。そして人間は、だれかを殺《ころ》すようなことに出会えば、そのことによって殺《ころ》した人間も深く傷《きず》つかないではいられないのです。

そういうことに目をふさいだ教育は、人間をおろそかにした教育です。〈いのち〉をおろそかにし、世界を、宇宙《うちゅう》をおろそかにした教育です。わたしは、そのことを思うと、教育ということのおそろしさを思います。教育が、そのときそのときのつごうで、かってに変えられることのおそろしさを思います。そんな教育がまかり通る国は、精神《せいしん》のひくい、心のまずしい国です。めんどうなことをおこしかねない国です。

わたしは、今、国家の利益《りえき》を第一に考えて教育したのは、いけないと書きました。しかし、ここで申《もう》しあげておきたいことは、だからといってみんな、自分のことだけを考えて生きていけばいい、といっているわけではありません。わたしたちは自分を大事に考えて生きていかねばならないことはもちろんですが、自分とともに生きているまわりの人々《ひとびと》、自分の国の人々《ひとびと》、世界の国々《くにぐに》の人々《ひとびと》のことを同時に考えながら生きなければなりません。いや、世界と人間のことを考えていくためには、まず自分というものをしっかりとつくりあげていくことが大切だと思います。なんでも自分の力でしっかりとつかみ、知り、その意味を考えることができる人間になることが大事だ、と思います。そういう力をつけることこそ、本当の教育だと思います。

しかし、戦争中にわたしが受けた教育はそういうものではありません。自分たちの目的のために、こどもたちをだまして、その目的のために使ってしまおうとした教育でした。ですから、こどもたちのなかには、だまされたまま飛行機乗りになって死んでいった者もたくさんいます。国のため、日本のためになると思いこんで死んでいったのです。その人々《ひとびと》はわたしよりも年上でしたけれども、わたしは今でも昔《むかし》のニュース・フィルムの断片《だんぺん》や写真集を見ると、その気持《きもち》にうたれつつ、辛《つら》い思いをします。かれらはいっしょうけんめいだったと思いますが、それ以外の考え方や生き方を知ることもなくて、ただもう、押《お》しつけられた一

つの考えだけで、つっぱしっていった、という思いがします。

よく、若《わか》い人は純粋《じゅんすい》でいい、とか、純情《じゅんじょう》でいい、とかいいます。利害《りがい》打算《ださん》がない、ということでは、たしかにいいと思います。しかし、それが、いろいろなことを体験《たいけん》していないためのものだったら、やっぱり卒業しなければならないものだと思います。人間はたくさんのことを体験し、味わい、そして考えなければなりません。人から聞いたものをうのみにした思想《しそう》、簡単《かんたん》に考えた思想《しそう》はひ弱いし、力をもちません。年をとったらだめになるような純粋《じゅんすい》さはだめなのです。

そうして、自分のつちかってきた考えで世界を見、考えること。自分の責任《せきにん》において、考え、行動すること。結局、それしかないと思います。

戦争を考えることでも、例外ではありません。そして、みんながそうなっていったとき、われわれの世界は変わるはずなのです。

徴兵《ちょうへい》制度

徴兵制度《ちょうへいせいど》は、明治六年から敗戦する昭和二十年まであった兵役制度《へいえきせいど》です。男性《だんせい》は、二十歳《さい》になると必ず徴兵検査《ちょうへいけんさ》という健康診断《しんだん》を受けなければならず、合格《ごうかく》すれば軍人となりました。戦争状態《じょうたい》にないときは多くの兵は不要のため、甲《こう》種《しゅ》に合格《ごうかく》したうちの一部の人だけが実際《じっさい》に入隊しました。しかし、戦争が始まり兵が足りなくなると、甲種《こうしゅ》だけでなく乙種合格者《おつしゅごうかくしゃ》など多くの人が戦地に送られました。さらに、卒業するまでは軍に入らなくてもよかった大学や高等専門《せんもん》学校の学生や生徒（学徒《がくと》）も、学生の身分のまま兵士《へいし》となることになったのです。

徴兵検査《ちょうへいけんさ》の結果・五分類

甲種《こうしゅ》
とくに健康で体格《たいかく》が標準《ひょうじゅん》。すぐに兵役《へいえき》につける。合格者《ごうかくしゃ》が多いときは抽選《ちゅうせん》。

乙種《おつしゅ》
ふつうに健康。補充兵役《ほじゅうへいえき》となり、甲種《こうしゅ》合格者《ごうかくしゃ》が足りないときに兵役《へいえき》につく。

丙種《へいしゅ》
健康状態《じょうたい》や体格《たいかく》がややおとる。ここまでが合格《ごうかく》とされた。

丁種《ていしゅ》
目や耳が不自由など身体的な理由で兵《へい》役《えき》につけない。不合格《ふごうかく》。

戊種《ぼしゅ》
病気などで判断《はんだん》ができないので保留《ほりゅう》。後日再検査《さいけんさ》を受けなければならない。

予科練《よかれん》と特攻隊《とっこうたい》

徴兵制度《ちょうへいせいど》とは別に、自分から希望して士官《しかん》学校や陸軍大学校などで学び、職業《しょくぎょう》軍人となる人もいました。

予科練もそのひとつで、「海軍飛行予科練習生」の略称《りゃくしょう》です。優秀《ゆうしゅう》な戦闘機《せんとうき》乗り（パイロット）を多く育てようと、学科の他、射撃《しゃげき》や航空機《こうくうき》の操縦《そうじゅう》などの厳《きび》しい訓練が行われました。十四歳《さい》から十七歳《さい》までの少年の中から試験で選ばれた、いわばエリート集団《しゅうだん》で、当時の男の子たちにとって予科練の七つボタンの制服《せいふく》はあこがれの存在《そんざい》でした。

戦局が悪化していくと、特攻隊《とっこうたい》と呼《よ》ばれる「神風特別攻撃隊《かみかぜとくべつこうげきたい》」による戦法が開始されました。飛行機で敵《てき》に体当たりする攻撃《こうげき》です。飛行機ごと爆発《ばくはつ》するわけですから、乗っている人は、生きて帰ってくることはできません。予科練出身者の多くがこの特攻《とっこう》作戦に参加し、たくさんの若者《わかもの》が亡《な》くなりました。

イノチの予科練《よかれん》

寺村輝夫《てらむらてるお》

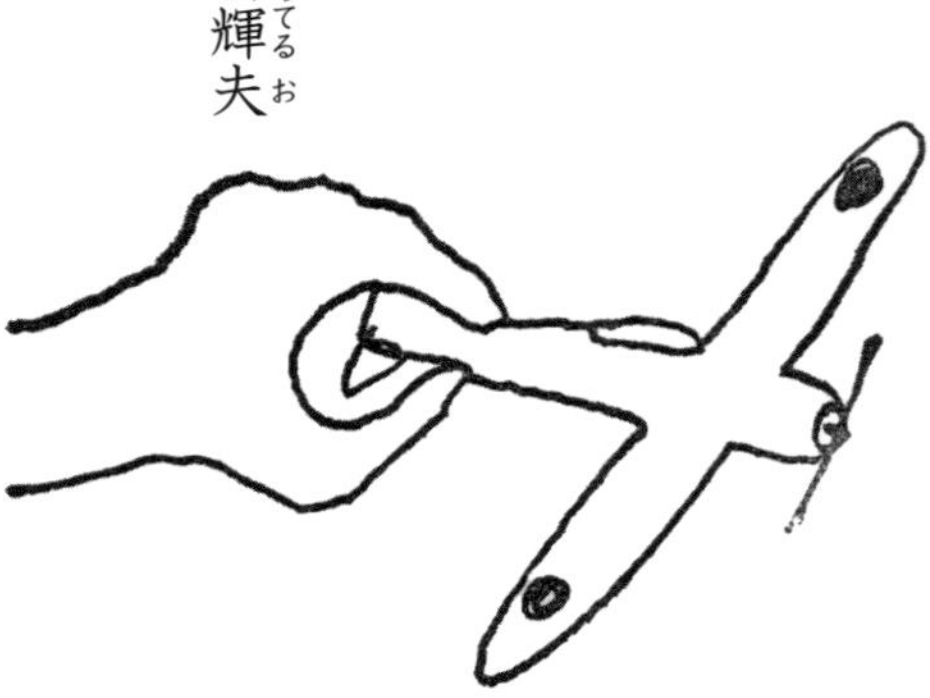

昭和二十年の正月。ぼくは十六歳《さい》だった。

元旦《がんたん》の朝、味噌《みそ》じたての雑煮《ぞうに》を腹《はら》いっぱい食べた。当時、こんなにもたくさん餅《もち》が食べられた日本人は、そんなにいなかったはずだ。ハガキのように大きなやつを、三枚《まい》も食べた。そして、ぼくたち練習生は、元旦《がんたん》の閲兵式《えっぺいしき》のために、第一軍装《ぐんそう》に着がえた。

「正月くらい、上陸させてもいいのになあ。」

「もう、十日もシャバの空気すってないぞ。」

「オレは、正月早々《そうそう》、洗《せん》たくだあ。」

閲兵《えっぺい》
整列した軍隊の前を見まわること

第一軍装《ぐんそう》
海軍の制服《せいふく》のうち、冬季の通常勤務《つうじょうきんむ》のための制服《せいふく》

「しかたねえ。手紙でも書くかあ。」

みんな勝手なことをいいあっている。しかし、いつものような手早さで、軍装《ぐんそう》に着がえおわった。

軍装《ぐんそう》――〝七つぼたんは、桜《さくら》に錨《いかり》……〟といえば、歌だけが今でものこっている、海軍飛行予科練習生、つまりヨカレンの正装《せいそう》だ。

ぼくは、当時の少年（少女もふくめて）のあこがれのまとであった、ヨカレンの一員として、この年の正月をむかえた。第十四期甲種《こうしゅ》飛行予科練習生、兵庫県《ひょうごけん》川辺郡《かわべぐん》小浜村《こはまむら》海軍《かいぐん》滋賀《しが》航空隊《こうくうたい》宝塚《たからづか》分遣隊《ぶんけんたい》第二十一分隊一班《ぱん》、これがぼくの所属《しょぞく》だった。昭和十九年四月に、まず奈良《なら》県《けん》丹波《たんば》市《いち》町《まち》奈良《なら》航空隊《こうくうたい》に入隊して、すでに九か月たっていた。兵隊の位は〝海軍飛行兵長〟に出世していた。二等飛行兵から、一等兵、上等兵、兵長と上がっていくわけで、ふつうの兵隊なら三〜四年かかるところを、わずか九か月で通過《つうか》してしまう。甲種《こうしゅ》ヨカレンの特別待遇《とくべつたいぐう》だった。わずか十六歳《さい》の少年が、さんざん海軍の苦労をなめた二十何歳《さい》の人たちより位

甲種《こうしゅ》
甲《こう》、乙《おつ》、丙《へい》などと分類したうちの、いちばんよい種類

兵隊の位
軍隊の階級のこと。徴兵《ちょうへい》で集められた兵は、まず一番下の位の二等兵となる。くわしくは138ページで説明

が上なのだ。おまけに、海軍の兵隊は、みなセーラー服なのに、ヨカレンだけは七つぼたんの、イキな服をあたえられ、流行歌でもてはやされ、大いに意気は上がっていたわけだ。

とはいうものの、入隊してみて、疑問《ぎもん》に思うことがあった。歌では

きょうも飛ぶ飛ぶ　霞《かすみ》が浦《うら》にゃ
でっかい希望《きぼう》の　雲がわく

となっている。霞《かすみ》が浦《うら》というのは、海軍航空隊《こうくうたい》のあったところ。当時の少年が必ず見せられた宣伝映画《せんでんえいが》では、練習機が飛びかう飛行場があり、ずらり兵舎《へいしゃ》がならぶ〝軍隊〟であった。ところが、ぼくが希望《きぼう》の胸《むね》をふくらませて入隊したのは、奈良県丹波市町《ならけんたんばいちまち》、現在《げんざい》の天理市《てんりし》といえばわかる人もいるかと思うが、天理教の大本山《だいほんざん》なのだ。しかも〝兵舎《へいしゃ》〟というのが、天理教信徒が、本部におまいりにくるときにつかう宿舎《しゅくしゃ》だった。各府県ごとに一つずつある、大きな宿屋のようなもので、もちろん町のあちこちにちらばって建てられている。天理教の町は、ある日とつ

歌
予科練を募集《ぼしゅう》する目的でつくられた戦時下の映画《えいが》「決戦の大空へ」の主題歌「若鷲《わかわし》の歌」のこと

ぜん、ヨカレンの町になってしまったのだ。といって、町に住む人たちを、ぜんぶ追いだすわけにもいかない。ぼくたちヨカレンは、朝礼のために、町の通りを駆《か》け足で通り、練兵場へむかった。柔道場《じゅうどうじょう》へいくにもそうだ。体操場《たいそうじょう》へいくにも、陸戦（海軍は軍艦《ぐんかん》で戦うのが主だが、陸軍と同じ陸でも戦うことがあるので、こう呼《よ》んだ）の訓練にいくにも、町の人をかきわけて通りを走っていった。へんな軍隊だった。

次に移《うつ》った兵庫県《ひょうごけん》の小浜村《こはまむら》というのが、今の宝塚市《たからづかし》で、ぼくたちが寝《ね》泊《とま》りしたのは、宝塚少女歌劇《たからづかしょうじょかげき》で有名だった大劇場《だいげきじょう》そのものだった。ぼくたちの第二十一分隊は、劇場《げきじょう》わきの大食堂《だいしょくどう》に居住《きょじゅう》し、大劇場《だいげきじょう》の廊下《ろうか》に木の二段《だん》ベッドを敷《し》きつめて、そこで寝《ね》た。少女歌劇《しょうじょかげき》の楽屋《がくや》にいる分隊もあれば、歌劇《かげき》学校の校舎《こうしゃ》を占領《せんりょう》している分隊もあった。道路ひとつへだてて、動物園があり、鳥や動物の鳴き声で目をさますのが毎日だった。

もっとも、動物園や遊園地は海軍のものではなかったが。

航空隊《こうくうたい》とは名ばかりで、飛行場はもちろん飛行機もないところで、ぼ

練兵場
兵士《へいし》が戦いに必要な訓練をする場所

くたちは訓練《くんれん》をうけていた。

さて、昭和二十年の元旦《がんたん》、ぼくたちは、七つぼたんに身をかためて、いったん大劇場《だいげきじょう》の門を出、町なかを通りぬけて、町の運動競技場《うんどうきょうぎじょう》に集まった。きょうは、司令《しれい》（分遣隊《ぶんけんたい》で一ばんえらい人）の閲兵《えっぺい》が行われる日だ。

軍楽隊《ぐんがくたい》が演奏《えんそう》する〝海行かば〟にのって、軍艦旗《ぐんかんき》の掲揚《けいよう》が行われる。どういうものか、ぼくは、海軍生活中、〝君が代〟と国旗掲揚《けいよう》を、したことがなかったように思う。

海行かば　水漬《みづ》く屍《かばね》
山行かば　草むす屍《かばね》
大君《おおきみ》の　辺《へ》にこそ死なめ
かえりみはせじ

こういうのを、荘厳《そうごん》なメロディというのだろうか、ともかく重々《おもおも》しく、暗い節まわしだった。これも余談《よだん》だが、大戦中、よく臨時《りんじ》ニュースがラ

分遣隊《ぶんけんたい》
作戦のために、本隊から別れて行動する部隊

海行《ゆ》かば
戦時の国民の自覚を高める意図でつくられた曲。第二の国歌として愛唱された。
原詞《げんし》は「万葉集《まんようしゅう》」にある大伴家持《おおとものやかもち》の歌。海を行くなら水に浸《つ》かる死体に、山を行くなら草むす死体になっても、天皇陛下《てんのうへいか》のお側《そば》で死にましょう。決して後ろを振《ふ》り向くことはありません、という意味

ジオから流れ出した。海軍の戦果《せんか》を知らせるとき、景気をあおるようなニュース、つまり〝勝ったぞ〟という知らせの前には軍艦《ぐんかん》マーチがじゃんかじゃんかと流れた。ところが、戦争に負けつづけた日本であったから、いつもウソの景気をあおることもできない。たまには、ホントの報《ほう》道《どう》も出す。そんなときは、必ず〝海行かば〟のメロディが流れたものだ。

ぼくたちは、この重苦しいメロディをきくと、

「この戦いで死んだ英霊《えいれい》にかわって、オレが戦わねばならんのだ。仇《かたき》を討《う》つぞ！」

と誓《ちか》ったものだ。ヨカレンにはいったのも、そんな誓《ちか》いを果《は》たすつもりであったはずだ。しかし、ぼくは、ここで〝あやまち〟をおかしてしまう。

整列して、司令《しれい》がくるのを待つぼくたちは二十一分隊だった。宝塚《たからづか》の冬は、午前中は晴《はれ》、午後は曇《くもり》という形があった。しかし、晴《はれ》といっても、寒さはきびしい。ぼくは、同じ一班《ぱん》の座間《ざま》という練習生のことを気にし

軍艦《ぐんかん》マーチ
海軍軍歌『軍艦《ぐんかん》』を編曲《へんきょく》した行進曲で『軍艦《ぐんかん》行進曲』が正式な曲名。海軍省の公式行進曲で現在《げんざい》の海上自衛隊《じえいたい》でも公式儀《ぎ》礼曲《れいきょく》とされている

英霊《えいれい》
亡《な》くなった人、とくに戦死者の霊《れい》をうやまっていう

ていた。座間《ざま》練習生は、宝塚《たからづか》の冬をむかえてから、極度《きょくど》に小便が近くなっていた。病的といってもよかった。ものの十分ともたないのだ。ぼくと同じ十六歳《さい》になったばかり。まだほんの少年だ。ヨカレンの訓練は楽ではない。毎日が緊張《きんちょう》の連続《れんぞく》だった。座間《ざま》は、それにたえられなかったのか、みょうな病気にとりつかれた。近いのは小便だけではない。慢《まん》性《せい》の下痢《げり》で、やせほそってしまっていた。

——きょうあたり、また、座間《ざま》がもらすんじゃないかな——

今までにも、何度か、ズボンをぬらしている座間《ざま》だった。ともかく、司《し》令《れい》が二十一分隊の前を通過《つうか》するまで、無事《ぶじ》でいてくれ！

ところが、その時、すでに司令《しれい》の一行（分遣隊《ぶんけんたい》の大佐《たいさ》とか中佐《ちゅうさ》の、えらい人たち）が、わが森本分隊長の先導《せんどう》で、ぼくの目の前にきていた。

——しまった！

ぼくの心が動いた。心が動くと目の玉が動くのだそうで、きっとそうだったのだろう。今まで、通りいっぺんの閲兵《えっぺい》をしていた司令《しれい》が、ぼくの前ではっと立ちどまり、こう質問《しつもん》した。

「日頃《ひごろ》、分隊長がいっておられる教えは何であるか、いってみよ。」

ぼくは一瞬《いっしゅん》考えた。そんなもの、あったっけ。分隊長は、海軍中尉《ちゅうい》であるが、かなりの年だった。兵隊からたたきあげて、二十年近くたって、やっと中尉《ちゅうい》になった人。海軍兵学校というエリートコースをたどった若《わか》い士官《しかん》ではない。予備学生《よびがくせい》として、いきなり士官《しかん》になったような、急造《きゅうぞう》の中尉《ちゅうい》ではなかった。だから、若《わか》さにまかせて、ぐいぐいと人を引っぱるような人ではなく、いつもわらっている感じのやさしさがあった。森本分隊長から、お説教をきいたことが、はたしてあっただろうか？　いや、あるぞ。奈良航空隊《ならこうくうたい》から、宝塚《たからづか》にうつってきた最初の日に、新しく二十一分隊長になった時のあいさつ――ぼくは、むりに思いだした。

「ハイッ。練習生どうし、仲《なか》よく、助け合っていけ、ということであります ッ。」

ぼくは、せいいっぱい大声をはりあげていた。が、どうだろう。ぼく

海軍兵学校
海軍将校《しょうこう》として必要な各種の知識《ちしき》・技術《ぎじゅつ》・教養などを四年ほど学ぶ学校。卒業後は半年ほどの見習《みならい》士官《しかん》の後、少尉《しょうい》となることができた。軍隊の階級については138ページでも説明

予備学生《よびがくせい》
海軍予備学生《よびがくせい》。大学生・高等専門《せんもん》学校生の志願者《しがんしゃ》の中から採用《さいよう》されて、実務《じつむ》を学んだ。卒業後は予《よ》備士官《びしかん》となった

の答えにかえってきたものは、

「ぶっ。」

という、司令《しれい》の失笑《しっしょう》だった。ほかの、えらい人たちのなかには、苦笑《くしょう》した人もいた。そのなかで、髪《かみ》の毛をのばしている大佐《たいさ》だけが、（海軍には昭和二十年になっても、こういう変わった士官《しかん》がいた）まゆの間にしわをよせて、目でぼくを責《せ》めていた。

森本分隊長は、はじめ赤い顔になり、次にあおざめて、ぼくの目の前から、姿《すがた》を消していった。

もう座間《ざま》練習生どころのさわぎではなかった。

――こいつは、やられるぞ――

という思いと、

――なんで笑《わら》われたのかな――

という考えが、ごっちゃになって、立っているのも苦しくなった。

――なんていえばよかったのかな――

ぼくとしては、まちがったことをいったおぼえはなかった。分隊長は、たしかにそういったはずだ。それなのに、なぜ笑《わら》われなければならなかったのだろうか。

いつか、閲兵式《えっぺいしき》は終わっていた。

ぼくたちは、分隊ごとに、ふたたび駆《か》け足で、大劇場《げきじょう》の兵舎《へいしゃ》にかえった。きょう元旦《がんたん》は、いっさいの訓練も、勉強もなかった。兵舎《へいしゃ》の中で、自由にすごしていいことになっていた。七つぼたんの軍装《ぐんそう》をぬいで、ふだんの作業衣に着がえて……。そう思っていると、

「待てっ!」

分隊士《ぶんたいし》がいった。分隊士《ぶんたいし》というのは、分隊づきの士官《しかん》で、いわば副分隊長のようなものだ。ぼくたちは、すべてを投げうって人形のように立った。

「そのままの服装《ふくそう》で、待機《たいき》しろ。きょうの閲兵式《えっぺいしき》について、分隊長より話がある。終わりっ。」

人形が、また人間にかえる。かえった人間の視線《しせん》が、みんな、ぼくに集まった。一分隊百人あまりの視線《しせん》をうけて、ぼくはとまどった。というよりは、おそろしくなった。

が、おそろしいことは、確実《かくじつ》に、もうすぐやってくるはずだ。

ぼくは、ひきつるような口で、となりにいた笠原練習生《かさはられんしゅうせい》にきいた。

「オレ、答えがちがっていたのかな？」

「……」

周囲《しゅうい》のものは、だれも答えてくれない。すこしはなれてすわっていた、同郷《どうきょう》の大森《おおもり》練習生にききにいった。すると、大森は、

「きさま、態度《たいど》がおかしかったんだ。きかれて、すぐに答えなかったからな。」

そばにいた、もう二十歳になる林《はやし》練習生は、年上らしく、威圧《いあつ》するような調子でいう。

「正月早々《そうそう》、おもしろくもねえぜ。きさまだけがバットやられるならい

いけど、おれたちまでなぐられるんじゃやな。」

ぼくはもう、口もきけなくなった。

バット——。海軍には、バットで尻《しり》をなぐる制裁《せいさい》があった。バットといっても、直径《ちょっけい》十センチもあろうかという棒《ぼう》だ。〈軍人精神注入棒《せいしんちゅうにゅうぼう》〉または精神棒《せいしんぼう》といっていた。日常《にちじょう》の制裁《せいさい》は、まずゲンコツでなぐられること、それに〝前に支《ささ》え〟という、腕立伏《うでたてふ》せがふつうだ。腕立《うでた》てのまま、二十分も三十分もがまんしつづけるのは、つらいのを通りこす。が、精《せい》神棒《しんぼう》はさらにものすごい。両腕《りょううで》を前にさし出し、尻《しり》をつき出して、

「お願いしますっ。」

三回なぐられても立っていることのできるやつは、まあめずらしい。たいがいは一撃《いちげき》でふっとぶ。

こんなことがあった。ぼくたちヨカレン生は、二週に一度の上陸（海軍らしく、外出のことをそうよんでいた）の楽しみがあった。しかし、たとえ上陸しても、家の者、両親、親せきに会うことは禁《きん》じられていた。

もっとも、みんな日本各地から集まってきているので、会うとすれば、はるばる宝塚《たからづか》へ出てきてもらわなくてはならない。しかし、両親、ことに母親には会いたいのだ。会うためには、どんなことでもする。そこで、郷里《きょうり》へ出す手紙に暗号めいた符《ふ》ちょうをつかったりする。なぜなら、

「こんどの十四日には、外出しますから、きてください。」

とは書けないからだ。そこで、書き出しから十四字目の下に「・」をつけたりする。へんな文章になる。手紙はすべて検閲《けんえつ》されるから、この暗号は、たちまちのうちにわかってしまう。

そこで、運わるく発覚したものは、「バット」を受けるが常《つね》だった。仙田練習生《せんだれんしゅうせい》の時はすさまじかった。まるで、イケニエにささげられるヒツジのようなものだ。まず、はじめに、刑場《けいじょう》？　にオスタップとよばれる洗《せん》たくだらいがおかれる。なみなみとつがれた水……。執行人《しっこうにん》は、下《か》士官《しかん》の班長《はんちょう》だ。太平洋戦争を歴戦《れきせん》し、何度か海戦で撃沈《げきちん》されて、海をさまよったことのある、全身筋肉《きんにく》のような猛者《もさ》が、バットをふるのだ。

符《ふ》ちょう
仲間内でのみ通用する言葉。合言葉

「きさまら、いつまでも子どもみたいに、母親の乳《ちち》にしがみつきたいのかぁっ。軍人精神《せいしん》がたらん。そんなことで、飛行機乗りが、敵艦《てきかん》につっこめると思っとるかあっ。どうすればつっこめるか、教えてやるう。見とれっ。」

はじめ、ばちっ！　次に、ごつ！　二発で仙田《せんだ》はふっとんだ。自分で立ちあがり、三発目は、がきっ！　ここまでなら、ぼくも何度かやられたことがある。もう、痛《いた》いとも感じない。全身がしびれて、いうことをきかなくなるのだ。しかし、四発目が、びしゃっ！　たおれる仙田《せんだ》。

「うむっ。」

とうなって、もう立ちあがれない。ここで、オスタップにある水を、おけでぶっかける。うめきながら立ちあがった尻《しり》に、五発目、六発目。ついに失神《しっしん》する。一ぱいの水では気がつかない。二はい、たたきつけられて、仙田《せんだ》は立つ。七発、八発、九発……。もう意識《いしき》はないはずだ。ぼくたちも目をそむける。すると、ほかの班長《はんちょう》が、目をそむけた者を見つけて、なぐる。ついには、呼吸《こきゅう》をしているのは、力いっぱいバットをふっている下士官《かしかん》だけのようになる。日焼けした顔が、汗《あせ》にまみれている。

ぼくは、二十発まで数えた。こっちは、あぶら汗《あせ》でぐっしょりだった。

しかし、人間というのは、よほど強くできている。意識《いしき》のないはずの仙《せん》田《だ》が、

「ありがとうございましたっ。」

といって、自分の席にかえろうとした。が、三歩、四歩あるいたところで、立てかけた板がたおれるように、たおれて動かなかった。

――ああ――

きょう元日、こんどは、ぼくがバットの前に立たされることになりそうだ。すでに、生きたここちはなかった。何よりも救《すく》いだったのは、あの時の仙田《せんだ》練習生にそそいだような、みんなの同情《どうじょう》の目だけだった。

「気をつけえい！」

分隊士《ぶんたいし》の号令で、ぼくたちは、居住区《きょじゅうく》のテーブルの前、自分の席で不

動の姿勢《しせい》をとった。分隊長が大またで、はいってくる。その靴《くつ》の音が、いやに高くひびいた。

分隊長が、ぼくたち一班《ぱん》の前に立って、いいはじめた。

「そのまま聞け。きょうの閲兵式《えっぺいしき》において、きさまらも知ってのとおり、司令《しれい》から質問《しつもん》をうけた練習生がおる。……寺村練習生、前へ出ろっ！」

さあ、来た。ぼくは、せいいっぱい力をふりしぼって、へんじをして、分隊長の前へ出た。

その瞬間《しゅんかん》、ぼくは、仙田《せんだ》のことを思いだしていた。仙田《せんだ》は、あれから三日間、ただベッドで寝《ね》たままだった。三日目に、ふろにはいった。その時見たのは、熟《じゅく》しきった柿《かき》のように、青むくれになった尻《しり》――。そのむざんな色を思いだしたのだ。

ところが、森本分隊長は、まったく意外なことをいいだしたのだ。

「寺村練習生の答えは、まちがってはいなかった。分隊長は、日頃《ひごろ》、仲《なか》よく助け合っていけ、といっている。が、しかし、司令《しれい》がおききになったことの答えにはなっていなかった。これは、分隊長としても責任《せきにん》を感じる。そこで、きょうは正月でもあるし、きさまらに、答え方を教えてやる。寺村っ、そして、二十一分隊の練習生一同、よく覚えておけ。こういうときは、〝練習生は、海軍航空隊員《こうくうたいいん》として、一命を帝国《ていこく》に捧《ささ》げ、大君《おおきみ》につくす覚悟《かくご》で訓練にはげめ〟と分隊長がいっていると答えるんだ。わかったか。」

「はいっ。」

「よし、総員《そういん》、ただちに自由課業につけ。おわりっ。」

ついに、ぼくには、「おとがめなし」であった。ほっとしたのは、ぼくだけではなかった。ほかの百人あまりの練習生も、〈連帯責任《れんたいせきにん》〉ということで、

「あんなトンマな答えをするやつがいるということは、二十一分隊総員《そういん》がたるんどるということだ!」

と、一発二発、なぐられることは覚悟《かくご》していたのだ。海軍というところ

帝国《ていこく》
大日本帝国《だいにっぽんていこく》の略《りゃく》。もとは皇帝《こうてい》が支配《しはい》している国という意味

大君《おおきみ》
天皇《てんのう》のこと

は、そういうところだと、今まで身をもって教えられてきたのだった。

しかし、「一命を帝国《ていこく》に捧《ささ》げ、大君《おおきみ》につくす覚悟《かくご》で……」という、堂々《どうどう》たる、勇ましい答え方は、あまり教えてはくれなかった。えらい人たちにいわせれば、これは、大日本帝国臣民《だいにっぽんていこくしんみん》の〝常識《じょうしき》〟というわけなのだろう。

事実、解放《かいほう》されてから、ぼくたち一班《ぱん》の練習生たちは、みんな、

「ああ、そうか。」

「へへっ。これで、きょうの日誌《にっし》に書く文句《もんく》ができたぞ。」

「正月元日の日誌《にっし》に、ふさわしいぜ。」

「わすれないようにしよう。」

わりあい気らくに、いい合ったものだ。

しかし、この日の恐怖《きょうふ》を通りすぎてから、ぼくの心は、はっきりと変化していった。いちばん感じたのは、森本分隊長の温情《おんじょう》だった。ふつうなら、たたきのめされているぼくだったのに、「責任《せきにん》は自分にもある」

臣民《しんみん》
君主の支配下にいる人。天皇《てんのう》、皇族《こうぞく》以外の国民

といってくれた。白いものがまざったヒゲ、おそらくは四十歳《さい》に近い人ではなかったか。ぼくは、森本中尉《ちゅうい》に、父を感じた。そして、いつもなら、

「分隊長が許《ゆる》しても、オレが許《ゆる》さん。」

と、バットをふるったであろう中島班長《はんちょう》のことだ。この日は、なんと、中島上等兵曹《へいそう》は、にんまり笑《わら》って、

「寺村、以後《いご》魂《たましい》にしっかりしまっとけ。」

といっただけだった。ぼくは、中島班長《はんちょう》に、わが子の悪をかばう、母を感じた。

ぼくは、やたらと、父母が恋《こい》しくなった。どんなことをしても、会いたかった。たとえ仙田《せんだ》練習生のようなめにあっても、一目会いたかった。

その思いは、昭和二十年の春も来ようとする頃《ころ》になっても、つのるばかりだった。大阪が空襲《くうしゅう》され、神戸《こうべ》がやられ、この宝塚《たからづか》にさえも艦載《かんさい》機《き》が襲《おそ》ってくるようになると、いっそうであった。故郷《こきょう》東京の空襲《くうしゅう》は、

艦載機《かんさいき》 軍艦《ぐんかん》につまれていた爆撃《ばくげき》機《き》

もっとひどいものであることは、十分想像《そうぞう》できた。

三月十日の東京大空襲《とうきょうだいくうしゅう》で、同じ一班《ぱん》の、細田練習生の母がなくなった。細田は、特に許《ゆる》されて、東京へかえっていった。三日後に帰ってきた細田に、ぼくたち東京出身者は、むさぼるように、ようすをきいた。

「もう、ほとんど家はないぜ。みんな焼かれてしまった。オレみたいに、おふくろの死体のみつかった者は、まあめずらしいくらいだ。」

ぼくたちは、誓《ちか》い合った。

「ようし、待ってろ。いまに、オレたちが、きっと仇《かたき》をとってやる。なにくそ。B29め。体当《たいあた》りしてでもやっつけてやる。」

この誓《ちか》いのことばに、うそはなかった。ぼくも、かならず殺《ころ》されてしまうであろう、父母や、妹たちの、仇《かたき》をとるつもりであった。十六歳《さい》の少年は、分隊長がいかに教育しても、「帝国《ていこく》のため、大君《おおきみ》のため」に死ぬことまで、考えがおよばなかった。まだ殺《ころ》されてもいない、父母の仇《かたき》をとることに、熱中したのだ。それなら、死ねると思った。

「しかし、その前に、一目会いたいな。」

かならず、そこへ帰っていくのだ。ぼくは、ひんぱんに、父母に手紙を書いた。せめて、手紙なりとも、いつも会っていたい。毎日のたのしみは、父母からの手紙を待つだけになっていた。けれども、父からはよく来たが、母は、いっこうにくれない。明治の頃《ころ》の小学校を、四年までしか出ていない母は、手紙を書くのがにが手だった。が、ぼくは、もっとおそろしいことを考えた。

――もしかすると、おふくろは、空襲《くうしゅう》でやられてしまったんじゃないか。おやじは、オレが心配すると思って、しらせないんじゃないか――

こうなると、いよいよ、事実をたしかめたくなってくる。

五月になって、特にあらたまって、ぼくたち二十一分隊の練習生が集められた。

「今からいうことは、軍の機密事項《きみつじこう》である。いかなる形でも、口外するな。」

機密事項《きみつじこう》 外部にもらしてはいけない大事な情報《じょうほう》

森本分隊長が、低く、するどくいった。

「きさまらの中から、特攻隊員《とっこうたいいん》を募集《ぼしゅう》する。長男、あるいは家に男子ひとりしか残らん者は、除外《じょがい》する。任務《にんむ》については、合格者《ごうかくしゃ》のみに伝える。但《ただ》し、合格者《ごうかくしゃ》には、一週間の休暇《きゅうか》を与《あた》えるものとする。希望者は、別室に集まれ。」

なんということだろう。ぼくが、一ばん強く受けたのは、「一週間の休暇《きゅうか》――」であった。特攻隊《とっこうたい》というのが何であるか、考えるひまもなかった。

――家に帰れる――

ぼくは、まっ先に応募《おうぼ》した。いや、応募《おうぼ》しない者のほうが、めずらしかった。長男であることをうらみ、兄たちが戦死して、家に残れるのは自分だけ、という者は泣《な》いてくやしがった。

ぼくは合格《ごうかく》した。

任務《にんむ》というのは、海中特攻隊《とっこうたい》だった。飛行機乗りになるためにヨカレンに入ったのに、なんと、小型潜水艦《こがたせんすいかん》に乗って、敵艦《てきかん》にぶちあたれ、というわけだ。そこで、日本の主力艦《しゅりょくかん》がすべてなくなったこと、飛行機の生産もまにあわないことなど、日本のほんとうの姿《すがた》を、はじめて知った。特攻潜水艦《とっこうせんすいかん》だけが、さいごのたよりだ、ともいわれた。乗ろうにも、日本には、飛行機がないというわけだ。

しかし、ぼくの心は、すでに東京へとんでいた。何をきかされようとも、内心は浮《う》き浮《う》きしていた。

ぼくは、自分の生命と、「父母に会うこと」を交換《こうかん》したのだ。

東京は、細田がいったとおり、むかしの東京ではなかった。しかし、父母は、みごとに健在《けんざい》だった。母はいった。

「イノチを大事にしなよ。」

しかしもう、イノチはないのだ。確実《かくじつ》に百パーセント死ぬことになっているぼくだった。でも、ほんとうのことは、いえない。いってはならない約束《やくそく》であった。

主力艦《しゅりょくかん》
海軍において主力の役割《やくわり》を務《つと》める戦闘艦《せんとうかん》（戦艦《せんかん》）。日本は太平洋戦争開戦時に所有していたものと、戦時中につくられたものを合わせて、大和《やまと》をはじめとした十二隻《せき》の戦艦《せんかん》をもっていた

「ウン、わかったよ。」

五月二十五日の大空襲《だいくうしゅう》を、目《ま》のあたりに見てから、ぼくは宝塚《たからづか》へかえった。

六月一日、ぼくたち特攻《とっこう》要員は、山口県の柳井《やない》にある、瀬戸内海《せとないかい》の特攻基地《とっこうきち》に入隊した。付きそってきた森本分隊長が、基地《きち》の中でさいごのあいさつをした。

「きさまら、さいごまで、イノチだけは大切にせよ。」

森本分隊長の声は、しまいには涙《なみだ》につまって、ききとれなくなった。わずかの間に、髪《かみ》の毛も、ヒゲも、まっ白になっていた。

国のため、大君《おおきみ》のため一命を捧《ささ》げよ、といわれ、しかしイノチは大切にしろと教えられる——特攻隊員《とっこうたいいん》になってから、ぼくはその矛盾《むじゅん》に苦しむことになった。が、ほんとうの意味がわからぬまま、八月十五日、日本は無条件降伏《むじょうけんこうふく》した。イノチから解放《かいほう》され、焼《や》け跡《あと》の東京にかえったのは、八月二十三日のことである。

五月二十五日の大空襲《だいくうしゅう》
東京都心には六十回以上もの空襲《くうしゅう》があった。五月二十四日は五百機以上のB29が品川《しながわ》区や渋谷《しぶや》区などの住宅地《じゅうたくち》に爆弾《ばくだん》を落とした。翌日《よくじつ》の二十五日は、商業施設《しせつ》や政府《せいふ》機関のある中心部などが攻められ、皇居《こうきょ》も被害《ひがい》にあった

階級制度《せいど》

軍隊での立場は、年齢《ねんれい》や能力《のうりょく》は関係なく、どの階級なのかが大切でした。位がひとつでも上の上官の命令は絶対《ぜったい》で、さからえません。

初めて会った人でも、他の隊の人でも、上官に対して失礼があっては大変なことになります。たくさんの人がいる軍隊で全員の階級をおぼえるのは不可能《ふかのう》ですが、軍服の襟《えり》や肩《かた》や袖《そで》には階級章がついていて、これを見て判《はん》断《だん》することができました。

大将《たいしょう》から少尉《しょうい》までの士官《しかん》は、そのための学校を出た人がなりました。多くの人は徴兵《ちょうへい》で集められ、二等兵として入隊したのです。

軍隊の編成《へんせい》

兵士《へいし》は、通常《つうじょう》十二名ほどの分隊に所属《しょぞく》して、常《つね》にその仲間と行動をともにします。分隊長は階級が軍曹《ぐんそう》で、厳《きび》しい人は鬼軍曹《おにぐんそう》と呼《よ》ばれたりしました。

その分隊がいくつか集まり小隊をつくり、小隊が集まり中隊をつくり……と大きな隊となっていき、軍を編成《へんせい》します。分隊→小隊→中隊→大隊→連隊→旅団《りょだん》→師団《しだん》→軍という単位です。

軍を率《ひき》いるのは、一番えらい大将《たいしょう》。子どもの遊び仲間のリーダーのことをガキ大将《だいしょう》というのはそのためです。

軍隊の階級

一番上の大将《たいしょう》から一番下の二等兵まで順に並《なら》べました。これは陸軍の例で、階級の名前は所属《しょぞく》する軍でちがいがあり、時代によって変化しています。階級章は、軍医など兵種によってもデザインがちがいました。

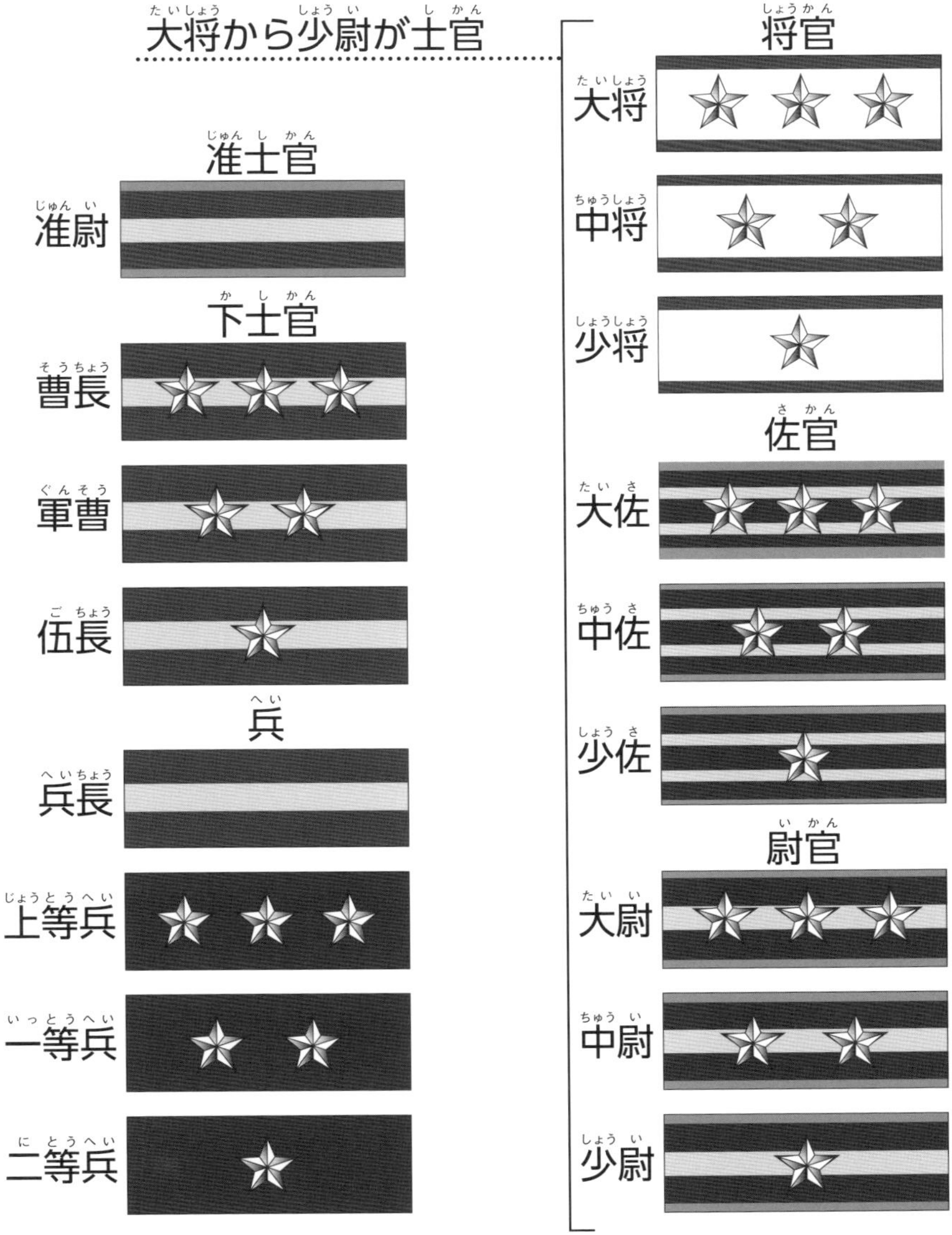

中学生時代

佐藤《さとう》さとる

ぼくはそのころ軍国少年だった。といっても、たいして意味はない。当時軍国少年でない少年をさがそうとしたら、今の世で軍国少年をさがすより、ずっとむずかしいにちがいない。

太平洋戦争がはじまったのは、ぼくが旧制《きゅうせい》中学二年生の十二月だ。中学校は将来《しょうらい》の中堅幹部《ちゅうけんかんぶ》を育成するところ、という軍の意向《いこう》で、完全なスパルタ教育を受けていた。二年生ですでに小銃《しょうじゅう》の扱《あつか》い方を知っていたし、五分間で教練服《きょうれんふく》に着がえて編上《あみあ》げぐつをはいてゲートルを足に巻《ま》き、武《ぶ》器庫《きこ》へいって銃剣《じゅうけん》と三八式歩兵銃《さんぱちしきほへいじゅう》で武装《ぶそう》して運動場にピッチリ整列して

小銃《しょうじゅう》
兵士《へいし》が個人《こじん》用に使うための軍用銃《じゅう》

教練服《きょうれんふく》
学生たちが着る軍服に似《に》た服

教官《きょうかん》が現《あら》われるのを待つ、なんていう芸当も身についていた。

生徒の間のあいさつも、戸外はすべて軍隊と同じ挙手《きょしゅ》の礼だったし、上級生に対して欠礼すれば、どこでもビンタがとんできた。もちろん先生に対しては、直属上官《ちょくぞくじょうかん》に対する礼——いったん停止《ていし》して敬礼《けいれい》する——でなくてはならなかった。それがめんどうで、先生を追いこすことは、なるべくさけたものだ。

ぼくの通っていた中学校は、神奈川県立掃除《そうじ》学校という異名《いみょう》があったほどで、掃除《そうじ》にはひどくうるさかった。事実、入学試験のとき、みがきあげられた廊下《ろうか》に自分の顔がくっきりうつるのを見て、仰天《ぎょうてん》したことを覚えている。その廊下《ろうか》を保護《ほご》するためか、生徒はいっさいの上《うわ》バキを許《ゆる》されず、くつ下まで禁止《きんし》されていた。ぼくたちは、年がら年じゅう校内を素足《すあし》でペタペタ歩きまわっていたわけだ。夏はむしろ快適《かいてき》といえるが、真冬は参った。むろんストーブなんて見たこともなかった。

授業《じゅぎょう》そのものも、今考えてみるとまったく大変なものだった。なにか

ゲートル
布《ぬの》や革《かわ》でできた巻《ま》きもの。足を守り、ズボンの裾《すそ》がからまなくなる

三八式歩兵銃《さんぱちしきほへいじゅう》
日本軍の代表的な小銃《しょうじゅう》。古いしくみの銃《じゅう》なので、一発撃《う》つと次を撃《う》つまでに時間がかかった。銃《じゅう》の先には剣《けん》がついていて、突撃《とつげき》するときなどに使った

挙手《きょしゅ》の礼
右手を曲げて帽子《ぼうし》のひさしの高さに挙げて、手をそえる礼

不始末《ふしまつ》をしでかすたびに、横《よこ》っ面《つら》をはりとばされる。連帯責任《れんたいせきにん》をやかましくいわれて、クラス一同が、だれかひとりのために総《そう》ビンタを食ったりする。

そんな毎日が、楽しかったはずはない。ぼくは学校へいくのが苦痛《くつう》だった。といって、家にいるわけにもいかず、どこか町でふらふらしていれば、鬼《おに》よりこわい風紀係《ふうきがかり》にとっちめられる。しかたなしに学校へいって、できるだけ要領《ようりょう》よく立ちまわるように努力した。

いずれぼくたちはみんな兵隊にとられるんだし、兵隊になれば、そのつらさはこんなもんじゃない、という気があった。だから、今から音《ね》をあげるようでは、とても先がつとまるまいなんて、けなげにも考えていた。

実際《じっさい》にぼくの同級生には、早くから軍へ志願《しがん》していったものも多い。予科練《よかれん》へ進んだうちのひとりは、台湾沖海戦《たいわんおきかいせん》（昭和十九年十月）で戦死した。そのときぼくたち在校生《ざいこうせい》は五年である。四年生から陸軍士官学校《りくぐんしかんがっこう》

陸軍士官学校《りくぐんしかんがっこう》
陸軍の教育機関(軍学校)。戦術《せんじゅつ》や戦史、衛生《えいせい》、外国語などを学んだ

へ進んだ友人は、終戦のときすでに見習士官《みならいしかん》だった。平時なら四年かかるところを、一年半足らずで卒業させられ、見習《みならい》とはいえ、わずか十七歳《さい》で士官《しかん》のはしくれになっていた。

とにかく、そういうめちゃくちゃな時代である。ぼくはひそかに画家を志《こころざ》していたのだが、そんなことを口にするだけで国賊扱《こくぞくあつか》いされかねず、早々《そうそう》とあきらめてしまった。つまりぼくは、当時めずらしくもない平均《へいきん》的《てき》軍国少年だった。

*

ぼくはそんな少年だったが、ぼくの父は海軍の軍人だった。生《は》え抜《ぬ》きの機関少佐《きかんしょうさ》である。太平洋戦争時には航空母艦蒼竜《こうくうぼかんそうりゅう》に乗っていた。ハワイ攻撃《こうげき》にも参加しているし、いったん帰国してインド洋作戦に出、それからもどって、ミッドウェー作戦に出かけていった。その海戦で日本海軍の事実上の終焉《しゅうえん》があったことは、いまさらいうまでもない。蒼竜《そうりゅう》は三発の直撃爆弾《ちょくげきばくだん》をうけて沈《しず》んだそうだ（ぼくはこのことを最近プラモデル

国賊《こくぞく》
国を乱《みだ》し、世に害をあたえる人をののしっていう言葉

機関少佐《きかんしょうさ》
少佐《しょうさ》は軍隊の階級のひとつ。海軍の機関科《きかんか》は、軍《ぐん》艦《かん》の運転や、電気機械《きかい》の取りあつかいなどを担当《たんとう》した

インド洋作戦
昭和十七（一九四二）年インド洋セイロン島（現《げん》在《ざい》のスリランカ）のイギリス軍を撃滅《げきめつ》しようとした作戦

ミッドウェー作戦
昭和十七（一九四二）年六月五日〜七日、日米の海軍が行った大規模《だいきぼ》な戦いで、日本軍は大敗した

の箱《はこ》で読んで知った)。当然父は艦《かん》とともに太平洋の底に沈《しず》んだはずである。

けれども、ぼくはこのことを、今でもそれほど悲《かな》しいとは思わない。十四歳《さい》で海軍に志願《しがん》し、以後職業軍人《しょくぎょうぐんじん》として生きてきた父は、愛《あい》する日本海軍の栄光《えいこう》と同時に消えたのだから、さぞ本望《ほんもう》だったろうと思う。そのときぼくは中学三年生だった。

船乗りの家庭に育った人ならよく知っていると思うが、父はしょっちゅう航海《こうかい》に出たり、外地へ単身赴任《たんしんふにん》したりして、留守《るす》が多かったから、戦死したときいても、ピンとこなかった。今でも実はピンときていない。二十七回忌《かいき》にやっとの思いで墓《はか》をたてたが、まだぼくの心の中では、なにかしらアイマイである。

父がミッドウェーへむかって出航《しゅっこう》するという当日の朝——といってもぼくはそんなことはなにも知らなかったが——ぼくと父は、めずらしくいっしょに家を出て、戸塚《とつか》の駅へいった。その途上《とじょう》でなにを話したか、ぼくにはまったく覚えがないから、おそらくあらたまった話などしなかったのだろう。

父は、下り電車で横須賀《よこすか》へ、ぼくは上りで横浜《よこはま》の中学へいく。小さな戸塚《とつか》駅のプラットホームは一つしかなく、上りも下りも同じホームの両側へつく。ぼくの乗る上り電車が先にはいってきた。

ぼくはさっさと乗りこみ、ドアのガラスごしに父と向きあったとき、いつものくせで敬礼《けいれい》をした。前にもいったとおり、帽子《ぼうし》をかぶっているときの中学生は、必ず挙手の礼をするようにしつけられている。だからぼくは、今ならさしずめ手でもふるところを、かわりに敬礼《けいれい》したのである。

すると、こんなときにはただ軽くうなずくだけだった父が、思いがけずさっとくつのかかとをひきつけ、目にしみるような白い手袋《てぶくろ》をひらめかせて、年季《ねんき》のはいった海軍式の敬礼《けいれい》を返してくれた。

後にも先にも、父と敬礼《けいれい》をかわしたのは、それ一回だけだ。ぼくは思わずしゃんとして、手をしっかりと帽子《ぼうし》のひさしにおしつけた。上級者に対する敬礼《けいれい》は、相手より先に手をおろしてはならない。日ごろたたきこまれているそんな意識《いしき》が、その瞬間《しゅんかん》ぼくに働いた。

これが、ぼくの見た父の最後の姿《すがた》である。

ぼくはすでに、父の死んだ年齢《ねんれい》をこえているが、考えてみると、あの戦争が父に与《あた》えたものと、ぼくに与《あた》えたものとは、それこそ下り電車と上り電車ほどに行きちがってしまった。それでもぼくは、二つの世代の分岐点《ぶんきてん》で、こんな鮮烈《せんれつ》な思い出を残してくれた父を、今でもありがたいと思っている。

四年生ごろには、もうりっぱに一人前の兵士《へいし》として通用するよう、ぼくたちはすっかりできあがってしまっていた。必要とあれば軽機関銃《けいきかんじゅう》も扱《あつか》えるし擲弾筒《てきだんとう》も扱《あつか》える。実弾射撃《じつだんしゃげき》も何度か経験《けいけん》したし手榴弾《しゅりゅうだん》の投げ方にも熟練《じゅくれん》していた。一時間六キロずつ進む強行軍もなんとかこなしたし、曲がりなりに銃剣術《じゅうけんじゅつ》も身につけた。そのほか、斥候《せっこう》も歩哨《ほしょう》も尖兵《せんぺい》も伝令《でんれい》

軽機関銃《けいきかんじゅう》
ひとりで持ち歩ける機関《きかん》銃《じゅう》

擲弾筒《てきだんとう》
小型爆弾《こがたばくだん》や信号弾《だん》、照明《しょうめい》弾《だん》などを発射《はっしゃ》するための小型《こがた》の火器

手榴弾《しゅりゅうだん》
手で投げる小型《こがた》の爆弾《ばくだん》

銃剣術《じゅうけんじゅつ》
先端《せんたん》に銃剣《じゅうけん》を付けた小銃《しょうじゅう》を武器《ぶき》にして戦う武術《ぶじゅつ》

斥候《せっこう》
敵《てき》の状況《じょうきょう》や地形などを探《さぐ》る担当《たんとう》

歩哨《ほしょう》
警戒《けいかい》や監視《かんし》の担当《たんとう》

もできるし、みごとな分列行進もできた。

それらの総仕上《そうしあ》げのように、富士《ふじ》の裾野《すその》の兵舎《へいしゃ》へ一週間ほどほうりこまれて、夜も昼もない本格的《ほんかくてき》な野戦訓練《やせんくんれん》を受けた。このときの、富士《ふじ》を背景《はいけい》にしてとった記念写真が残っているが、どう見たってこれは軍隊である。それにしてもこの野戦訓練《やせんくんれん》は、あとで足腰《あしこし》が立たなくなるほどつらかった。

＊

五年生の一学期（昭和十九年）、ぼくたちは陸軍機甲化訓練所《りくぐんきこうかくんれんじょ》というのにつれていかれて、約一月《ひとつき》、主として自動車の整備《せいび》について教習を受けた。ここにいるあいだはまったくの軍隊式で、ひっぱたかれながら仕こまれた。用語からして奇妙《きみょう》キテレツなものが多く、丸ハンドルのことを走行転把《そうこうてんぱ》、チェンジレバーを変速槓杆《へんそくこうかん》などと覚えさせられた。

この教習の最後に、一週間だけ運転実習があった。人数が多いところへもってきて、満足に走る自動車が少ないから、ぼくたちはわずかな時

尖兵《せんぺい》 本隊の前方で警戒《けいかい》や偵察《ていさつ》を担当《たんとう》する小部隊
伝令 命令を伝えること
野戦訓練《やせんくんれん》 野外での戦いを想定した実践的《じっせんてき》な訓練

間しかハンドル――いや走行転把《そうこうてんぱ》をにぎらせてもらえなかった。となりの席には、こわい軍曹《ぐんそう》さんがにらんでいるにもかかわらず、ぼくには大変おもしろかったのだが、もちろん一週間やそこらで本式の運転が覚えられるわけもなく、広くもないグラウンドをそろそろと走っただけで終わった。

この教習のあと、しばらくしてぼくたちの学校でもついに勤労動員《きんろうどういん》がはじまった。実をいうと、他の学校ではもっと早くから勤労動員令《きんろうどういんれい》が出て、学校へいかずに工場へ通っている中学生、女学生が大部分だったが、ぼくたちの学校は、どういうわけかかなりおくれた。ぼくたちの行先がまた一風《いっぷう》変わっていて、製粉工場《せいふんこうじょう》である。といっても軍需工場《ぐんじゅこうじょう》であることに変わりはなかった。

ところがその動員先で、ぼくとほかに三人が学校へ呼《よ》び出しを受けた。何ごとかと思って出頭《しゅっとう》すると、ぼくたち四人はもう一度機甲化訓練所《きこうかくんれんじょ》へもどるように、といいわたされた。しかもこんどは運転実習だけだとい

勤労動員《きんろうどういん》
大人の男性《だんせい》が兵士《へいし》として出征《しゅっせい》していて不足した労働力を補《おぎな》うために、女性《じょせい》や中学生以上の学生が、工場での作業や農作業を行った

軍需工場《ぐんじゅこうじょう》
兵器や爆薬《ばくやく》などの軍事に必要なものを生産、修理《しゅうり》する施設《しせつ》

う。前回の訓練のとき、まずまずの運転をしたぼくたち四人が選抜《せんばつ》されたのだそうだ。

正直いって、ぼくはうれしさ半分、めいわく半分という気持だった。またぞろ朝から夕方までこっぴどくしごかれるにちがいないと思うと、どう考えても気が重くなった。

しかし、世の中には、案外なこともまれにはあるものらしい。訓練所《くんれんじょ》へいってみると、運転訓練生はぼくたち四人だけで、あれほどうるさかった教官殿《きょうかんどの》が、みんなうちとけて気さくに接《せっ》してくれたのである。どちらかというと、訓練生というより助手として扱《あつか》われ、他校の整備《せいび》教習の助教のようなこともさせられた。

こうしてぼくは、十六歳《さい》のときに小型《こがた》四輪自動車運転免許《めんきょ》というのをもらった。そのくせ、その免許《めんきょ》で横浜港《よこはまこう》から厚木《あつぎ》飛行場まで、大型《おおがた》トラックを運転させられた覚えがある。ずいぶんいいかげんだと思うかもしれないが、正式の免許《めんきょ》をもった教官がとなりにいたし、当時は自動車などめったに走っていないから道はガラすき、しかもでこぼこだらけでスピードなんか出せやしない。だいたいがエンジンの力も弱くガソリンも粗悪《そあく》ときているから、せいぜい時速四十キロぐらいしか出ない。ガタゴトガタゴトとのんきに走っていくので、たいして危険《きけん》でもなかったのだろう。ぼく自身もこわい思いはしなかった。

＊

そのあとはまた製粉工場《せいふんこうじょう》へもどった。このころから、ぼくたち中学校の上級生の間には、一種奇妙《きみょう》な開放感が生まれてきたようである。その理由の第一としては、規則《きそく》だらけの学校生活から、たとえ勤労動員《きんろうどういん》とはいえ工場という実社会へ投げこまれたことだろうと思う。しかし、それだけではなかったのが、今になってみるとよくわかる。つまりぼくたちはヤケッパチだったのだ。

戦争はますますひどくなって、ぼくたちにさえ負け戦《いくさ》であるのがわかったし、もうすぐ戦場へかり出されて、みんな死んでしまうにちがいない、とだれもが考えていた。勉強のできるやつは、軍の学校や理科系《けい》の上級学校へ進んで、おそい早いのちがいはあっても、いずれは軍人や軍医や技術将校《ぎじゅつしょうこう》として戦争に参加するだろう。それほど勉強のできないやつは、おそらく二年後には兵隊にとられるだろう（当時十八歳《さい》で兵役《へいえき》ときかされていた）。文科系《けい》の上級学校は、すでに学徒動員令によって開店休業の状態《じょうたい》だったから、これに進んでも末は同じである。

そのうちに本土《ほんど》空襲《くうしゅう》がはじまった。だれもかれも次第《しだい》に動きがとれなくなり、身のまわりに、文字どおり戦火がせまってきた。それでもぼくたちはみんな底抜《そこぬ》けに明るく、団結《だんけつ》し、その日その日をせいいっぱい生きていた。

＊

製粉工場《せいふんこうじょう》での仕事は、かなりきつかった。はじめのうちは、慣《な》れないままに能率《のうりつ》もわるかったが、やがて要領《ようりょう》がわかると、がぜん生産があがった。当時、東洋一を誇《ほこ》る大工場だったが、その大工場を事実上動か

技術将校《ぎじゅつしょうこう》
おもに兵器の研究や開発をする士官《しかん》。機密《きみつ》をあつかうので誰《だれ》でもなれるわけではなかった

学徒動員
勤労《きんろう》動員と同じ。中学校以上の学生が、生産の増《ぞう》強《きょう》や戦闘力《せんとうりょく》の補充《ほじゅう》のために働いた

していたのは、百名たらずのぼくたち中学生だったのである。この点は、一般《いっぱん》の工場と大変に事情《じじょう》がちがう。

以前からいた工員の大部分は、ぼくたちと交替《こうたい》するように他の工場へ配置《はいち》がえになり、一握《ひとにぎ》りほどの特殊技能者《とくしゅぎのうしゃ》だけが残った。根っからの粉《こな》屋《や》ばかりで、みんなおとなしい年輩《ねんぱい》の人たちだった。

工場全体が、いわば巨大《きょだい》な一つの機械で、原料から製品《せいひん》まで機械が働いてくれる。人間はその機械の調子をととのえ、故障《こしょう》がおきたとき、できるだけ早くもとにもどす。しかし、いったん故障《こしょう》となれば、どっと粉《こな》がふき出るから、大部分の時間をモップやブラシで掃除《そうじ》して過《す》ごすことになってしまう。

実をいうと、この清掃作業《せいそうさぎょう》が重労働だった。どれほど装置《そうち》が正常《せいじょう》に動いていても、粉《こな》は音もなく一日じゅう床《ゆか》に降《ふ》りつもるし、動かしっぱなしの二十四時間操業《そうぎょう》で、ただでさえオンボロの機械は、しょっちゅう故《こ》障《しょう》を起こす。工場全体が一つの機械だから、一部の故障《こしょう》にはおかまいなし、粉《こな》は滝《たき》のように流れ出る。こいつをかたづけるのは容易《ようい》なことではなかった。もっとも、県立掃除《そうじ》学校の生徒としては、日ごろきたえた腕《うで》の見せどころではあった。

そんなわけだから、工場に組長や技手《ぎしゅ》がいても、実際《じっさい》には、この工場全体の仕事を、ぼくたち中学生が請負《うけお》ったようなものだった。そこでぼくたちは、仲間同士《なかまどうし》で相談《そうだん》のうえ、勝手に各部署《かくぶしょ》をかわり合い、責任者《せきにんしゃ》をきめ、独得《どくとく》の巡視班《じゅんしはん》をつくって、故障《こしょう》を大きくしないようにした。要《よう》するに、工場がわに元からあった命令系統《めいれいけいとう》や人事を無視《むし》した、非公式《ひこうしき》で効率《こうりつ》のいいシステムをいつのまにかつくってしまったのである。どっちをむいたって、ぼくたちにしてみればみんな同級生なんだから、遠慮《えんりょ》も気がねもいらない。生産が上がりはじめたのも、そのころからである。

今考えてみると、ぼくたちは、そんな時代に、ちょっとした民主的自治体を組織《そしき》していたわけで、そういう意味でも非常《ひじょう》にめずらしいことだった。はじめのうちは、ときどき工場がわから苦情《くじょう》がでたが、やがて

巡視班《じゅんしはん》
警戒《けいかい》のための見まわりを担当《たんとう》するグループ

何もいわれなくなったばかりか、しまいには生産計画の一部を、すっかりまかされるようになった。

*

そんななかで、忘《わす》れもしない、昭和二十年二月半ばの払暁《ふつぎょう》。アメリカの空母《くうぼ》から発進してきた艦載機《かんさいき》におそわれた。三交替《こうたい》の夜勤《やきん》から昼勤《ちゅうきん》にかわる日で、朝の早い電車で帰宅《きたく》するため、ぼくたち数名が工場の正門近くにいた。

そのとき、きれいな朝焼けの東京湾上空《とうきょうわんじょうくう》に、蚊柱《かばしら》のような飛行機の大群が望見《ぼうけん》できたが、敵《てき》か味方《みかた》かもわからず、しかも機影《きえい》が小さいこともあって、ぼくたちはたかをくってかくれもしなかった。もちろん空襲《くうしゅう》警報《けいほう》は出ていたのだが。

ところが、その小さな飛行機は、あっというまに超低空《ちょうていくう》でぼくたちの頭上にあらわれ、バリバリと機銃《きじゅう》をうってきた。本能的《ほんのうてき》にぼくたちは地面に伏《ふ》せ、飛行機が通りすぎると大いそぎで物かげにかくれた。しかし、

払暁《ふつぎょう》
明け方

艦載機《かんさいき》
軍艦《ぐんかん》につまれていた航空《こうくう》機《き》

機影《きえい》
飛んでいる飛行機のすがたや影《かげ》

空襲警報《くうしゅうけいほう》
敵《てき》の航空機《こうくうき》が近づいてきていることを知らせるサイレン

機銃《きじゅう》
機関銃《きかんじゅう》の略《りゃく》。弾《たま》を自動的に込《こ》めながら連続発射《はっしゃ》する銃《じゅう》

ひとりだけはいつまで待っても、いくら呼《よ》んでも、立ってこなかった。無理《むり》もない。そいつには弾丸《たま》があたっていた。一発は太ももを貫通《かんつう》、もう一発は右のこめかみをかすっていた。かすったといったって機銃弾《きじゅうだん》のことだから、棍棒《こんぼう》でなぐられたほどのショックがあったはずだ。息はしていたが気を失っていたのである。

とにかく無我夢中《むがむちゅう》で、ぐったりとしたままの友人を防空壕《ぼうくうごう》にひきずりこみ、習ったとおりの応急手当《おうきゅうてあて》をしたまではよかったが、そのあとがおそろしかった。太ももからの出血がひどくないうちに病院へ運ぶことになり、ぼくたちは工場のリヤカーをひっぱりだしてその友人をのせ、それから一時間ほども、艦載機《かんさいき》にうたれうたれ、命がけで走った――。

しかし、そんなことも、やがて日常茶飯事《にちじょうさはんじ》のように身のまわりで起こりはじめ、しまいにはめずらしくもなんともなくなっていった。

＊

それから一月ほど後、ぼくたちは製粉工場《せいふんこうじょう》の大きな防空壕《ぼうくうごう》の中で、ハガキ二倍大の卒業証書《そつぎょうしょうしょ》を配ってもらった。

*

よく思い出はみんな美しいという。なぜか人間は、苦しいこと悲しいことを忘《わす》れて、楽しさばかりが記憶《きおく》に残る。ぼくがここに記したことも、おそらく例外ではないにちがいない。しかしそれでもなおこんなものだ。思い出の浄化作用《じょうかさよう》が働いてさえ、この程度《ていど》である。

ぼくたちの世代はまことに中途半端《ちゅうとはんぱ》な世代で、ぼくらより少し先輩《せんぱい》は実戦に出ているし、ぼくらより少し後輩《こうはい》は、いわゆる疎開児童《そかいじどう》の経験《けいけん》を持つ「疎開世代《そかいせだい》」である。中間にはさまって、わけもわからずにひどいスパルタ教育を受け、むやみやたらと働かせられた、ぼくたち「軍事教練世代《ぐんじきょうれんせだい》」あるいは「勤労動員世代《きんろうどういんせだい》」は、実にむなしい。

しかもこの世代は、戦時中よりもむしろ戦後のドンデンガエシのほうに、いっそう深刻《しんこく》な影響《えいきょう》を受けたと思うのだが、どっちにしろ、戦争なんかあってはいけない。

疎開《そかい》
空襲《くうしゅう》からのがれるために、安全な地方の農村などに移《うつ》り住むこと

年表

昭和元年から、太平洋戦争が終わった翌年《よくねん》までの出来事です。戦争中のことだけでなく戦争が始まる経緯《けいい》や戦後に行われたことも見てみましょう。

西暦（年号）	月日	日本国内の出来事	月日	世界の出来事
一九二六（昭和元）	12月25日	大正天皇《たいしょうてんのう》が亡《な》くなる。皇太子裕仁親王《こうたいしひろひとしんのう》が皇位継承《こういけいしょう》し（昭和天皇《しょうわてんのう》）、第一二四代天皇《てんのう》に即位《そくい》、昭和と改元		
一九二七（昭和二）	3月	金融恐慌《きんゆうきょうこう》おこる。経営《けいえい》が苦しくなった銀行がふえ、人々が預金《よきん》の引き出しに銀行におしかけ、休業が続出	4月12日	中国で、蔣介石《しょうかいせき》の反共クーデター（上海《しゃんはい》クーデター）がおこり、南京《なんきん》に国民政府《せいふ》が成立
			6月	スイスのジュネーブで軍縮《ぐんしゅく》会議が開かれる。（アメリカ、イギリス、日本）海軍の軍縮《ぐんしゅく》について米英が対立し、まとまらず
一九二八（昭和三）	2月20日	一九二五年に制定《せいてい》された、二十五歳《さい》以上のすべての男子に選挙権《せんきょけん》をあたえる普通選挙《ふつうせんきょ》法による、第一回の総選挙《そうせんきょ》が行われる	5月	中国、済南事件《さいなんじけん》おこる。日本軍と、中国の国民革命軍《かくめいぐん》（南軍）との間に武力衝突《ぶりょくしょうとつ》がおこる

西暦(年号)	月日	日本国内の出来事	月日	世界の出来事
	6月29日	一九二五年に制定《せいてい》された治安維持法《ちあんいじほう》の改定がなされ、死刑《しけい》が追加。政府《せいふ》に都合の悪い考えや運動の取締《とりし》まりが強くなっていく	6月4日	日本軍によって鉄道が爆破《ばくは》され、中国の軍人、張作霖《ちょうさくりん》が殺害《さつがい》された
	7月3日	特別高等警察課《けいさつか》（反体制《はんたいせい》活動を取締《とりし》まる特別な組織《そしき》）を全国に設置《せっち》	8月	パリで不戦条約《じょうやく》調印（戦争の違法性《いほうせい》を確定《かくてい》した最初の実定国際法《こくさいほう》）フランスとアメリカが提唱《ていしょう》して実現《じつげん》、日本も参加
			12月	国民政府《せいふ》、中国を統一《とういつ》
一九二九（昭和四）			10月24日	ニューヨークの株式《かぶしき》取引所で大崩壊《だいほうかい》（ウォール街大暴落《だいぼうらく》）、世界恐慌《きょうこう》に発展《はってん》する
一九三〇（昭和五）	1月	金解禁《かいきん》、自由に金を輸出《ゆしゅつ》できるようになる。（翌年《よくねん》、再《ふたた》び禁止《きんし》される）企業《きぎょう》の破綻《はたん》や農家の没落《ぼつらく》が続き、大不況《だいふきょう》となっていく	4月22日	ロンドン海軍軍縮《ぐんしゅく》会議で海軍軍縮条約《ぐんしゅくじょうやく》が締結《ていけつ》。日本も参加
	11月14日	浜口首相《はまぐちしゅしょう》、東京駅で狙撃《そげき》される（ロンドン海軍軍縮条約《ぐんしゅくじょうやく》に不満をもった人による犯行《はんこう》）		
一九三一（昭和六）			9月18日	柳条湖《りゅうじょうこ》の南満州《まんしゅう》鉄道線路爆破事件《ばくはじけん》をきっかけに、日本軍が軍事行動をおこす（満州事変《まんしゅうじへん》）

西暦（年号）	月日	日本国内の出来事	月日	世界の出来事
一九三一（昭和六）	10月17日	軍部内閣樹立《ないかくじゅりつ》のクーデターを計画、未遂《みすい》（十月事件《じけん》）	10月24日	国際連盟《こくさいれんめい》理事会が満州撤兵勧告案《まんしゅうてっぺいかんこくあん》を可決《かけつ》
			11月18日	日本軍が中国のチチハルを占領《せんりょう》
一九三二（昭和七）	2月9日	井上《いのうえ》前蔵相《ぞうしょう》（現在《げんざい》の財務《ざいむ》大臣）暗殺《あんさつ》される（血盟団事件《けつめいだんじけん》）		
	3月5日	男爵《だんしゃく》で三井《みつい》財閥総帥《ざいばつそうすい》の団琢磨《だんたくま》暗殺《あんさつ》される（血盟団事件《けつめいだんじけん》）	3月1日	満洲《まんしゅう》国が建国される
			4月7日	リットン調査団《ちょうさだん》（国際連盟《こくさいれんめい》に設置《せっち》された調査《ちょうさ》委員会）が満州《まんしゅう》事変を調査《ちょうさ》
			4月	中国共産党《とう》が対日宣戦《せんせん》を布告《ふこく》
	5月15日	海軍将校《しょうこう》たちが、犬養《いぬかい》首相を射殺《しゃさつ》する（五・一五事件《じけん》）		
			9月15日	日本は満洲《まんしゅう》国を承認《しょうにん》、日満議定書に調印
一九三三（昭和八）			1月30日	ドイツでヒトラー内閣《ないかく》が成立する
	2月20日	『蟹工船《かにこうせん》』の作者、小林多喜二《こばやしたきじ》、築地署《つきじしょ》で特高に虐殺《ぎゃくさつ》される	2月24日	国際連盟総会《こくさいれんめいそうかい》で勧告案《かんこくあん》（満洲《まんしゅう》国の成立を認《みと》めず、満州《まんしゅう》事変以降《いこう》の日本の責任《せきにん》を問うもの）を採決《さいけつ》
			3月4日	アメリカ大統領《だいとうりょう》にローズベルト
			3月27日	日本は勧告案《かんこくあん》を受け入れず国際連盟《こくさいれんめい》を脱退《だったい》

西暦(年号)	月日	日本国内の出来事	月日	世界の出来事
			10月14日	ドイツが軍縮《ぐんしゅく》会議と国際連盟《こくさいれんめい》の離脱《りだつ》を通告
一九三四(昭和九)			3月1日	満洲《まんしゅう》国帝政《ていせい》を実施《じっし》、皇帝《こうてい》は溥儀《ふぎ》
			5月	ブラジルで排日移民法《はいにちいみんほう》が成立、日本からの移民《いみん》が制限《せいげん》される
			8月2日	ヒトラー、ドイツの総統《そうとう》に就任《しゅうにん》する
			9月18日	ソ連(現在《げんざい》のロシア)が国際連盟《こくさいれんめい》に加盟《かめい》する
	12月29日	ワシントン海軍軍縮条約廃棄《ぐんしゅくじょうやくはいき》をアメリカに通告《つうこく》する	10月	中国の内戦で中国共産党《とう》が国民政府《せいふ》に追われ、中共軍の大移動(長征《ちょうせい》)がはじまる
一九三五(昭和十)	2月19日	美濃部達吉《みのべたつきち》の天皇機関説《てんのうきかんせつ》(主権《しゅけん》は国家にあり、天皇《てんのう》は国家の最高機関として憲法《けんぽう》に従《したが》って統治《とうち》するという説)が問題となる	8月1日	中国共産党《とう》が、日本の中国侵略《しんりゃく》に反対する「抗日救国宣言《こうにちきゅうこくせんげん》」をする
一九三六(昭和十一)	2月26日	皇道派《こうどうは》(天皇《てんのう》中心主義《しゅぎ》の考えをもつ派閥《はばつ》)青年将校《しょうこう》がクーデターをおこし、斎藤《さいとう》内大臣・高橋蔵相《たかはしぞうしょう》らが殺害《さつがい》される(二・二六事件《じけん》)	1月15日	日本がロンドン海軍軍縮《ぐんしゅく》会議を脱退《だったい》

西暦（年号）	月日	日本国内の出来事	月日	世界の出来事
一九三六（昭和十一）	5月18日	陸軍大臣・海軍大臣の現役武官制《げんえきぶかんせい》（現役《げんえき》の大将《たいしょう》・中将《ちゅうじょう》から任用《にんよう》する制度《せいど》）が復活《ふっかつ》する	11月24日	日本の関東軍の支援《しえん》をうけた内蒙古《ないもうこ》軍が綏《すい》遠《えん》省に侵入《しんにゅう》し、中国軍に撃退《げきたい》される（綏遠《すいえん》事件《じけん》）。これにより抗日感情《こうにちかんじょう》が高まった
	8月7日	「国策《こくさく》の基準《きじゅん》」（日本は東南アジアなど南方地域《ちいき》へ進出すべきという南進論《ろん》）が決定	11月25日	共産主義《しゅぎ》に対抗《たいこう》するため日本とドイツの防《ぼう》共協定《きょうてい》（日独防共協定《にちどくぼうきょうてい》）が調印される
			12月12日	中国で、西安事件《せいあんじけん》（蒋介石《しょうかいせき》が武力《ぶりょく》で監禁《かんきん》される）がおこる
一九三七（昭和十二）	10月12日	国民を戦争体制《たいせい》に全面的に協力させるための運動、国民精神総動員《せいしんそうどういん》中央連盟《れんめい》が発足《ほっそく》。	7月7日	北京《ぺきん》郊外《こうがい》の盧溝橋《ろこうきょう》で日中両国軍が衝突《しょうとつ》し、
		このころより「パーマネントはやめましょう」「日の丸弁当《べんとう》」などが流行しはじめる		日中戦争がはじまる
	11月20日	大本営《だいほんえい》と大本営政府連絡《だいほんえいせいふれんらく》会議が設置《せっち》される	8月21日	中ソ不可侵条約《ふかしんじょうやく》（中国とソ連の軍事同盟《どうめい》）が結ばれる
			11月6日	イタリアが日本とドイツの防共《ぼうきょう》協定に参加
			12月13日	日本軍が南京《なんきん》を占領《せんりょう》し、南京大虐殺事件《なんきんだいぎゃくさつじけん》をおこす（非戦闘員《ひせんとういん》三十五万人を虐殺《ぎゃくさつ》）

西暦（年号）	月日	日本国内の出来事	月日	世界の出来事
			12月14日	中華民国臨時政府《ちゅうかみんこくりんじせいふ》（北京《ぺきん》）成立
一九三八（昭和十三）			3月13日	ドイツがオーストリアを併合《へいごう》
			3月28日	中華民国維新政府《ちゅうかみんこくいしんせいふ》（南京《なんきん》）成立
	4月1日	国家総動員法《そうどういんほう》（全ての人的・物的資源《しげん》を政府《せいふ》が統制《とうせい》運用できる法律《ほうりつ》）が公布《こうふ》される		
			5月19日	日本軍が華中《かちゅう》への拠点《きょてん》となる徐州《じょしゅう》を占領《せんりょう》
			7月11日	満洲《まんしゅう》の張鼓峰《ちょうこほう》で日ソ両国軍が衝突《しょうとつ》
			9月29日	イギリス・フランス・ドイツ・イタリアによるミュンヘン会談
			10月22日	日本軍が広東《かんとん》を占領《せんりょう》
			10月27日	日本軍が華中《かちゅう》の中心・武漢《ぶかん》を占領《せんりょう》
一九三九（昭和十四）			2月10日	日本軍が南シナ海にある中国の海南島《かいなんとう》を占領《せんりょう》
	3月20日	文部省が大学の軍事教練を必須《ひっす》と定める		
			5月11日	ソ連と満洲国境《まんしゅうこっきょう》のノモンハンで、日ソ両国軍が衝突《しょうとつ》
	7月8日	国民徴用令《ちょうようれい》が公布《こうふ》される		
			8月23日	ドイツとソ連の不可侵条約《ふかしんじょうやく》が結ばれる
	9月4日	第二次世界大戦に介入《かいにゅう》せず、日中戦争の解決《かいけつ》にまい進するという声明を発表	9月1日	ドイツ軍がポーランドに侵攻《しんこう》を開始（第二次世界大戦）

西暦（年号）	月日	日本国内の出来事	月日	世界の出来事
一九四〇（昭和十五）			4月9日	ドイツ軍がノルウェー、デンマークに侵攻《しんこう》
			5月10日	ドイツ軍がオランダ、ルクセンブルグ、ベルギーに侵攻《しんこう》
	6月1日	六大都市（東京・大阪・横浜《よこはま》・名古屋・京都・神戸《こうべ》）で砂糖《さとう》・マッチの切符制《きっぷせい》を実施《じっし》	6月10日	イタリアがイギリス、フランスに宣戦《せんせん》を布告《ふこく》する
			6月17日	フランスがドイツに降伏《こうふく》する
	8月1日	東京府《ふ》（現在《げんざい》の東京都）が、食堂《しょくどう》・料理店における米食の使用を禁止《きんし》	8月11日	ドイツ軍がイギリス本土を空襲《くうしゅう》
	9月11日	隣組《となりぐみ》・町内会・部落会の整備《せいび》強化方針《ほうしん》が発表される	9月23日	日本軍が北部仏印《ふついん》（フランス領《りょう》インドシナ）へ進駐《しんちゅう》する。インドシナは、現在《げんざい》のベトナム・カンボジア・ラオス
			9月27日	ベルリンにおいて、日本、ドイツ、イタリアの三国軍事同盟《どうめい》が調印される
	10月12日	大政翼賛会《たいせいよくさんかい》（国策《こくさく》協力のための国民運動団《だん》体《たい》）が結成される		
	11月23日	大日本産業報告会《ほうこくかい》（労働者を戦争協力に動員することを目的として設《もう》けられた組織《そしき》）が結成される		
一九四一（昭和十六）	3月3日	総動員法《そうどういんほう》改定（統制《とうせい》・罰則《ばっそく》の強化）		
	3月10日	治安維持法《ちあんいじほう》改定、予防拘禁制採用《よぼうこうきんせいさいよう》		

西暦（年号）	月日	日本国内の出来事	月日	世界の出来事
	4月1日	生活必需物資《ひつじゅぶっし》統制令《とうせいれい》公布《こうふ》、「贅沢《ぜいたく》は敵《てき》だ」とされる	4月13日	モスクワで、日ソ中立条約《じょうやく》を調印
			6月22日	ドイツとソ連が開戦
			7月28日	日本軍が南部仏印《ふついん》（フランス領《りょう》インドシナ）へ進駐《しんちゅう》
			7月～8月	アメリカ、イギリス、オランダらの国による対日禁輸網《きんゆもう》が完成（ＡＢＣＤ包囲陣《ほういじん》）
			8月14日	アメリカとイギリスが太平洋憲章《けんしょう》を発表
	12月8日	アメリカ、イギリス、オランダ、中国に宣《せん》戦《せん》し、太平洋戦争がはじまる。大東亜《だいとうあ》戦争と呼《よ》ぶ	12月8日	日本軍がハワイ真珠湾《しんじゅわん》を奇襲《きしゅう》。マレー半島に上陸、香港《ほんこん》に侵攻《しんこう》。太平洋戦争がはじまる
	12月19日	言論出版《げんろんしゅっぱん》集会結社等臨時《りんじ》取締法《とりしまりほう》公布《こうふ》	12月11日	ドイツとイタリアがアメリカに宣戦《せんせん》を布告《ふこく》
一九四二（昭和十七）	2月21日	食糧《しょくりょう》管理法公布《こうふ》、食糧《しょくりょう》の国家管理を実施《じっし》	2月15日	日本軍がイギリスの拠点《きょてん》シンガポールを占《せん》領《りょう》
	4月18日	東京・名古屋・神戸《こうべ》などがアメリカ陸軍機により初めて空襲《くうしゅう》される	3月9日	ジャワ島のオランダ軍が降伏《こうふく》し、日本軍はニューギニアをめざす
			6月5日	ミッドウェー海戦で、日本の航空艦隊《こうくうかんたい》が大敗する
			8月7日	アメリカ軍がガダルカナル島に上陸、南太平洋の激戦《げきせん》が続く

西暦（年号）	月日	日本国内の出来事	月日	世界の出来事
一九四二（昭和十七）	11月	船、石油の不足がめだちはじめる	2月2日	スターリングラード（ソ連）のドイツ軍が降伏《こうふく》する
一九四三（昭和十八）	4月18日	山本五十六《やまもといそろく》連合艦隊《かんたい》司令長官が搭乗機《とうじょうき》追撃《ついげき》により戦死	2月7日	日本軍はガダルカナル島より撤退《てったい》
			5月29日	アッツ島（米国・アラスカ州の島）の日本軍が全滅《ぜんめつ》
			8月1日	ビルマ（現在《げんざい》のミャンマー）が独立《どくりつ》
	9月22日	未婚《みこん》女子（二十五歳《さい》未満）の動員が決定（女子挺身隊《ていしんたい》） 理工系以外の学生の徴兵猶予《ちょうへいゆうよ》が廃止《はいし》	9月8日	イタリアが無条件降伏《むじょうけんこうふく》
			10月14日	フィリピンが独立《どくりつ》
	11月1日	軍需省《ぐんじゅしょう》が設置《せっち》される	11月25日	タワラ島の日本軍が全滅《ぜんめつ》
			11月27日	アメリカ、イギリス、中国が、太平洋の諸《しょ》島《とう》(日本が第一次世界大戦で得《え》た島々)から、日本を追い出す、カイロ宣言《せんげん》を発表
	12月1日	第一回学徒兵《がくとへい》の入隊が行われる		
一九四四（昭和十九）			2月1日	アメリカ軍がマーシャル群島に上陸

西暦（年号）	月日	日本国内の出来事	月日	世界の出来事
			3月8日	日本軍が、ビルマ（現在《げんざい》のミャンマー）方面で、インパール作戦を開始
			4月17日	日本軍が中国大陸打通《だつう》作戦を開始
			6月6日	イギリス軍、アメリカ軍を主力とする連合軍が、フランスのノルマンディーに上陸
			6月19日〜20日	日本軍は、マリアナ沖海戦に惨敗《ざんぱい》し、中央太平洋の制海権《せいかいけん》を失う
			7月6日	サイパン島の日本軍が全滅《ぜんめつ》
	8月	大都市の学童疎開《そかい》を実施《じっし》		
	10月19日	神風特別攻撃隊《こうげきたい》が編成《へんせい》される	10月20日	アメリカ軍がフィリピンのレイテ島に上陸
	11月24日	B29爆撃機《ばくげきき》が東京を初空襲《くうしゅう》、このころよりアメリカ軍の日本本土空襲《くうしゅう》が本格化《ほんかくか》		
一九四五（昭和二十）			2月11日	ヤルタ会談で、アメリカ、イギリス、ソ連（現在《げんざい》のロシア）三国の秘密《ひみつ》協定が結ばれ、ソ連はドイツの降伏《こうふく》後三か月以内の対日参戦を約束する
	3月10日	B29爆撃機《ばくげきき》の東京大爆撃《だいばくげき》が行われる	3月17日	硫黄島《いおうとう》（小笠原諸島《おがさわらしょとう》南部）の日本軍が全滅《ぜんめつ》
			4月1日	アメリカ軍が沖縄本島に上陸
	5月25日	B29爆撃機《ばくげきき》の東京大爆撃《だいばくげき》が行われる	5月7日	ドイツ軍が無条件降伏《むじょうけんこうふく》
	6月8日	本土決戦断行《だんこう》の方針《ほうしん》が決定	6月21日	沖縄守備《しゅび》隊（陸上部隊）が全滅《ぜんめつ》

西暦（年号）	月日	日本国内の出来事	月日	世界の出来事
一九四五（昭和二十）	7月11日	主食配給率《はいきゅうりつ》が10％削減《さくげん》される	7月26日	アメリカ・イギリス・中国の三国が、対日ポツダム宣言《せんげん》を発表、日本に「無条件降伏《むじょうけんこうふく》」を求める
	8月6日	広島に原子爆弾《ばくだん》が投下される	8月8日	ソ連（現在《げんざい》のロシア）が対日宣戦《せんせん》を布告《ふこく》
	8月9日	長崎に原子爆弾《ばくだん》が投下される	8月9日	ソ連軍が満洲《まんしゅう》に侵攻《しんこう》
	8月10日	最高戦争指導《しどう》会議で、ポツダム宣言受諾《せんげんじゅだく》を決定		
	8月15日	天皇《てんのう》が「終戦」詔勅《しょうちょく》を放送する（玉音放送）	8月15日	第二次世界大戦が終わる
	9月2日	東京湾《わん》のミズーリ号上で、降伏《こうふく》文書の調印式が行われる		
	9月	アメリカ軍が進駐《しんちゅう》する		
	10月4日	連合軍総司令部《そうしれいぶ》（ＧＨＱ）が治安維持《ちあんいじ》法廃《はい》止《し》、政治犯釈放《せいじはんしゃくほう》、特別高等警察《けいさつ》の廃止《はいし》を指令	10月24日	国際《こくさい》連合が正式に発足《ほっそく》
	11月2日	ＧＨＱが財閥《ざいばつ》の資産凍結《しさんとうけつ》と解体を指令	11月20日	ドイツのニュルンベルクで国際《こくさい》軍事裁判《さいばん》が開廷《かいてい》
		このころ闇市《やみいち》が盛《さか》んとなる		
一九四六（昭和二十一）	1月1日	天皇《てんのう》、神格《しんかく》を否定《ひてい》、「人間宣言《せんげん》」（正式には「新日本建設《けんせつ》ニ関スル詔書《しょうしょ》」）を発表する		

西暦(年号)	月日	日本国内の出来事	月日	世界の出来事
	1月4日	軍国主義者《しゅぎしゃ》の公職追放がはじまる	1月10日	ロンドンで国連第一回総会開催《そうかいかいさい》
	4月10日	婦人参政権《ふじんさんせいけん》による最初の総選挙《そうせんきょ》が行われる		
	5月1日	メーデーが復活《ふっかつ》する（食糧《しょくりょう》メーデー）		
	5月3日	極東国際《こくさい》軍事裁判《さいばん》が開廷《かいてい》される		
	10月21日	自作農創設《のうそうせつ》特別措置法《そちほう》が公布《こうふ》され第二次農地改革《かいかく》が行われる	10月1日	ニュルンベルク国際《こくさい》軍事裁判《さいばん》最終判決《はんけつ》が下る。戦争犯罪《はんざい》などの罪《つみ》でナチス・ドイツの将校《しょうこう》ら12人に死刑《しけい》が宣告《せんこく》される
	11月3日	日本国憲法《けんぽう》が公布《こうふ》される		

執筆者紹介（収録順）

山下明生《やました はるお》

昭和12年3月11日〜　東京生まれ
おもな作品に『かいぞくオネション』『島ひきおに』（ともに偕成社）『海のしろうま』『カモメの家』（ともに理論社）『ふとんかいすいよく』（あかね書房）など

今江祥智《いまえ よしとも》

昭和7年1月15日〜平成27年3月20日　大阪生まれ
おもな作品に『ぼんぼん』『兄貴』『おれたちのおふくろ』『牧歌』（ぼんぼん四部作／理論社）『優しさごっこ』（理論社）『ぼくのスミレちゃん』（旬報社）など

長新太《ちょう しんた》

昭和2年9月24日〜平成17年6月25日　東京生まれ
おもな作品に『ぴかくん めをまわす』（福音館書店）『キャベツくんとブタヤマさん』（文研出版）『つみつみニャー』（あかね書房）など

梶山俊夫《かじやま としお》

昭和10年7月24日〜平成27年6月16日　東京生まれ
おもな作品に『泣いた赤おに』『島ひきおに』（ともに偕成社）『さんまいのおふだ』（福音館書店）『千本松原』（あかね書房）など

田島征三《たしま せいぞう》

昭和15年1月9日〜　大阪生まれ
おもな作品に『ふるやのもり』（福音館書店）『ちからたろう』（ポプラ社）『しばてん』『ふきまんぶく』『とべ バッタ』（ともに偕成社）など

谷真介《たに しんすけ》

昭和10年9月7日〜令和6年2月7日　東京生まれ
おもな作品に『ピン・ポン・パンがやってきた』（理論社）『ちいさくなったぞう』（あかね書房）『台風の島に生きる』（偕成社）『沖縄少年漂流記』（金の星社）など

赤坂三好《あかさか みよし》

昭和12年1月2日～平成18年1月　東京生まれ
おもな作品に『かまくら』（講談社）『わすれないで 第五福竜丸ものがたり』（金の星社）『十二支のはじまり』（佼成出版社）など

寺村輝夫《てらむら てるお》

昭和3年11月8日～平成18年5月21日　東京生まれ
おもな作品に『おしゃべりなたまごやき』（福音館書店）『ぼくは王さま』（理論社）「こまったさん」シリーズ「わかったさん」シリーズ（ともにあかね書房）など

田畑精一《たばた せいいち》

昭和6年3月30日～令和2年6月7日　大阪生まれ
おもな作品に『おしいれのぼうけん』『ひ・み・つ』（ともに童心社）『さっちゃんのまほうのて』（偕成社）『モグラ原っぱのなかまたち』（あかね書房）など

佐藤さとる《さとう さとる》

昭和3年2月13日～平成29年2月9日　横須賀生まれ
『だれも知らない小さな国』（講談社）『おばあさんのひこうき』（小峰書店）『おおきなきがほしい』（偕成社）『海へいった赤んぼ大将』（あかね書房）など

三木卓《みき たく》

昭和10年5月13日～令和5年11月18日　東京生まれ
おもな作品に『わがキディ・ランド』（思潮社）『ぽたぽた』『イヌのヒロシ』（ともに理論社）「がまくんとかえるくん」シリーズ（文化出版局）など

あとがき

〝あのころ〟の話を聞いたことがありますか？

あなたのお父さん、お母さんが、まだ子どもだったあのころ、太平洋戦争がありました。日本は、アメリカ、イギリスをはじめとするほとんど世界じゅうを相手に戦いました。おとなも子どもも、死ぬ覚悟《かくご》でがんばりました。中学生くらいの子どもは、志願《しがん》して軍人になったり、兵器工場で働いたりしました。小学生くらいの子どもは、親元をはなれて、空襲《くうしゅう》のないいなかへ疎開《そかい》しました。四年に近い苦しい戦いの末、日本は完全に敗れました。この間に、二百万人もの日本人が死にました。日本じゅうの都市が焼かれました。住む家も食べるものも着るものもないみじめな毎日でした。

けれども、何よりみじめだったのは、正しいと信じていたこの戦争が、まちがった戦争であったと、わかったことです。

あのころの子どもたちは、いつまでも溶《と》けないにがい薬を飲みこんだように、この戦争の体験を味わいながらおとなになりました。そして、その体験を支《ささ》えに、平和を守りつづけてきました。とくに今、子どもの本の仕事をしている作家や画家にとっては、その気持は作品を生む原動力にさえなっています。体験記を寄《よ》せられた先生方は、口々《くちぐち》にこういっています。

「思い出すのもいやなくらい、重苦しい時代だったけれど、それを今の子どもに伝えるのが、私《わたし》たちの責任《せきにん》なのですね……」

この貴重《きちょう》な体験を読み終えたら、あなたのお父さん、お母さん方と〝あのころ〟について話し合ってください。そして、平和がいかに貴《とうと》く、戦争がいかに悲惨《ひさん》かを考えてみてください。ぜひ、そうしてください。

あかね書房出版部《しょぼうしゅっぱんぶ》

昭和四十九（一九七四）年八月

戦火の中の子どもたち
——あの日を忘《わす》れないで

山下明生《やましたはるお》

「この道はいつか来た道……」戦後まもなく、学生たちの戦争反対のデモで、この童謡《どうよう》を合唱していたのを思い出します。戦争への道を二度とたどってはならないという願いをこめて、歌われていたのです。

その戦争から今や八十年がすぎました。戦争への道が、しだいに近くなっているように思えるこのごろです。

——空襲警報《くうしゅうけいほう》、防空壕《ぼうくうごう》、学徒出陣《がくとしゅつじん》、学童疎開《がくどうそかい》、戦災孤児《せんさいこじ》、原爆被爆者《げんばくひばくしゃ》……。

戦争に関するたくさんの言葉が、消えかかっています。皆《みな》さんのおじいさんやおばあさんが子どものころに経験《けいけん》した戦時下の記憶《きおく》が、忘《わす》れ去られています。

今の平和な時代を守り通すためには、あの戦争の日の犠牲《ぎせい》を無駄《むだ》にしてはいけない。そんな切実な思いから、『子どものころ戦争があった』『わたしの8月

15日』の二冊《さつ》を出版《しゅっぱん》したのが、昭和四十年代の終わりころでした。

「戦争の一番の犠牲者《ぎせいしゃ》は子ども」とは、よくいわれますが、この体験記を読み返すたびに、戦争中の子どもたちのきびしい生活がよみがえり、胸《むね》を打ちます。

あの体験集から、はやくも半世紀《はんせいき》が経過《けいか》し、筆者もご高齢《こうれい》となり、亡《な》くなられた方も多数いらっしゃいます。このたび、戦後八十年を迎《むか》えて、三冊《さつ》に再編《さいへん》集《しゅう》された記念出版《しゅっぱん》をすることになりました。この貴重《きちょう》な体験の記録を、改めて世に送ることができます。ひとりでも多くの読者が、この本を通じて、戦争と平和について真剣《しんけん》に考えてくれるよう、心から願っています。

この「あとがき」をまとめていた矢先、「核兵器《かくへいき》のない平和な世界」を訴《うった》えつづけてきた日本原水爆被害者団体協議会《にほんげんすいばくひがいしゃだんたいきょうぎかい》（被団協《ひだんきょう》）が、二〇二四年度のノーベル平和賞《しょう》を受賞《じゅしょう》しました。平和を熱望する人びとに、勇気と希望を与《あた》えてくれる、すばらしいニュースです。

令和七（二〇二五）年三月

装丁　　　株式会社アンシークデザイン
編集協力　平勢彩子

未来に残す・児童文学作家と画家が語る戦争体験 1

子どものころ戦争があった（新編）

2025年3月10日　初版

あかね書房　編集

発行者　岡本光晴
発行所　株式会社あかね書房
〒101-0065　東京都千代田区西神田 3-2-1
電話　03-3263-0641（営業）
03-3263-0644（編集）
https://www.akaneshobo.co.jp
印刷所　錦明印刷株式会社
製本所　株式会社ブックアート

NDC916　175p　22cm × 16cm　ISBN 978-4-251-09798-9